HISTOIRE POPULAIRE

DE LA

VILLE DE SAINT-QUENTIN

A L'USAGE DES ÉCOLES

Par M. L. JAMART

MAITRE DE PENSION

Ouvrage couronné par la Société Académique de Saint-Quentin

DEUXIÈME ÉDITION

SAINT-QUENTIN
MEURISSE-HOURDEQUIN, Libraire-Éditeur
Rue du Palais-de-Justice, 21.

1887.

Monument du 8 Octobre 1870

HISTOIRE POPULAIRE

DE LA

VILLE DE SAINT-QUENTIN

A L'USAGE DES ÉCOLES

Par M. L. JAMART

MAITRE DE PENSION

Ouvrage couronné par la Société Académique
de Saint-Quentin

SAINT-QUENTIN
MEURISSE-HOURDEQUIN, Libraire-Éditeur
Rue du Palais-de-Justice, 21.

1887.

> Nous ne savons pas assez l'histoire de notre province. Héritiers d'un passé qui, s'il a eu ses misères et ses fautes, a eu aussi ses gloires et son héroïsme, notre devoir est de ne pas oublier les faits et les noms de ces grands citoyens qui ont fécondé ce vieux sol du Vermandois....
>
> (Discours de M. Bénard, 20 octobre 1885).

En répondant, par cette étude, à l'appel de la Société académique, nous n'avons pas eu la prétention d'offrir une histoire complète de notre Cité ; nous avons voulu simplement réunir dans un petit volume, rédigé en conformité de la question posée, les principaux faits de notre histoire locale et combler ainsi une lacune qui existe dans l'instruction primaire de nos écoles. Notre tâche s'est bornée à coordonner les précieux documents épars dans un grand nombre de volumes ; à signaler les événements divers qui se sont passés dans notre ville ; à caractériser la physionomie propre de chaque période historique ; enfin, à consigner la valeur morale de nos ancêtres. Puissions-nous, par nos efforts, avoir atteint le but que s'est proposé notre Société académique et, par là, pouvoir rendre quelques services à l'instruction populaire, c'est-à-dire à ces jeunes écoliers dont les connaissances, les lumières contribueront plus tard à affirmer la grandeur de notre Patrie.

**Question proposée par la Société académique
de Saint-Quentin**

HISTOIRE POPULAIRE DE LA VILLE DE SAINT-QUENTIN

Cette histoire devra être appropriée au cadre de l'enseignement primaire. Tout en remontant aux époques les plus reculées, elle n'admettra que les faits prouvés ou ceux acceptés par une tradition incontestée ; elle s'abstiendra de toute discussion sur les faits obscurs ou douteux ; elle comprendra les événements qui ont influé sur la ville, au point de vue politique, militaire, communal, industriel, commercial, artistique ; elle relatera les transformations de la ville, fortifications, monuments, voirie, ses établissements civils et religieux suivant les différentes époques ; les hommes célèbres qui y sont nés.

Les concurrents s'attacheront à donner à leur travail des limites et une précision qui permettent d'en faire un livre accessible au plus grand nombre ; ils s'inspireront surtout de cette pensée que notre histoire locale doit avoir pour but de faire vénérer et aimer l'antique cité à laquelle nous appartenons en même temps que la grande Patrie.

LISTE DES AUTEURS CONSULTÉS

1º **Quentin De la Fons.** Manuscrits intitulés : Histoire particulière de Saint-Quentin, publiés par Ch. Gomart ;
2º **P.-L. Colliette.** Mémoires pour servir à l'histoire du Vermandois ;
3º **L. Hordret.** Histoire abrégée de la ville de Saint-Quentin ;
4º **Ch. Gomart.** Etudes Saint-Quentinoises ;
5º **Ch. Picard.** Saint-Quentin ; de son commerce, de ses industries;
6º **Fouquier.** Histoire féodale aux IXe, X^e et XIe siècles ;
7º **G. Lecocq** Histoire de la ville de Saint-Quentin ;
8º **Ed. Fleury.** Le département de l'Aisne en 1814 ;
9º France pittoresque. Picardie ;
10º **Augustin Thierry.** Lettres sur l'Histoire de France ;
11º **Henri Martin.** Histoire de France et Histoire des villes de France ;
12º **Anquetil.** Histoire de France ;
13º **Lequeux.** Antiquités ecclésiastiques des diocèses de Soissons et Laon ;
14º **Brayer.** Statistique du Département jusqu'en 1825 ;
15º **Devisme.** Manuel historique du Département ;
16º   »   Archives historiques de Picardie ;
17º **Melleville.** Dictionnaire historique ;
18º **Quentin et Badin.** Géographie départementale ;
19º **Lecointe et Badet.** Géographie départementale.

HISTOIRE POPULAIRE

DE LA

VILLE DE SAINT-QUENTIN

CHAPITRE PREMIER

Époque Gauloise et époque Romaine.

Il est difficile de remonter aux origines du Vermandois et de sa capitale, car l'histoire de ces temps reculés, confondue avec celle de la Gaule tout entière, ne donne que quelques noms de peuples et de cités. Certaines vieilles chroniques attribuent la fondation de notre ville à Rhomus ou Rhomaus, 17e roi des Gaulois, qu'elles font vivre environ 1440 ans avant Jésus-Christ.

Peut-être veulent-elles désigner Samarobriva, regardée aujourd'hui par la plupart des historiens comme Amiens et non Saint-Quentin.

Quoi qu'il en soit, on peut avancer que nos ancêtres, comme les habitants de la Gaule et de la Germanie, appartiennent à la grande famille des nations indo-européennes. Vers le milieu du VIe siècle avant Jésus-Christ, les Kymris, chassés de la haute Asie par les Scythes, traversèrent l'Europe et franchirent le Rhin sous la conduite de leur chef Hu-le-Puissant. Ils s'arrêtèrent dans le nord de la Gaule, après en avoir chassé les tribus dépossédées.

Plus tard les peuplades guerrières du nord de la Germanie vinrent partager avec les conquérants les diverses régions de ce fertile pays.

César nous dit, dans ses commentaires, qu'ayant demandé aux députés rémois ce qu'étaient les peuples voisins en armes, il lui fut répondu : « Que « la plupart des peuples belges étaient d'origine « germanique, et que leurs ancêtres, après avoir « passé le Rhin, s'étaient fixés dans ces lieux à « cause de la fertilité du sol, et en avaient chassé « les habitants ; que seuls, tandis que les Teutons « ravageaient la Gaule, ils avaient repoussé de « leurs frontières ces redoutables ennemis. »

Ces populations septentrionales n'étaient pas unies : chaque peuplade, faisant partie de la Gaule-Belgique, avait une législation particulière, un gouvernement à part.

On ne voyait alors que forêts et prairies où fourmillait une population de chasseurs et de pasteurs ; çà et là quelques habitations au milieu d'éclaircies, ou encore des grottes destinées à mettre à l'abri des intempéries, les femmes et les enfants de ces hommes barbares.

§ I

A l'époque de la conquête de la Gaule par Jules César, l'histoire générale de notre province se confond moins avec l'histoire générale de la Gaule, et, sans fournir tous les renseignements qu'une légitime curiosité peut exiger, les documents historiques de ce temps relatent certains faits qui ont leur intérêt. Il reste *un vague*, un doute, quant à l'emplacement de la capitale du Vermandois ; mais, ce point abandonné, on a des données assez certaines sur l'histoire du pays. « C'est, dit la « *France pittoresque*, à côté de la figure colossale « de Jules César que la contrée comprimée sous la « dénomination moderne de Picardie, apparait « pour la première fois dans nos fastes nationaux. « C'est lui qui, le premier, dans les haltes de la « victoire, écrivit les annales du pays, alors que, « d'une main puissante, il tenait à la fois l'épée qui « gagne les batailles et le style qui les caractérise. »

Le pays des Véromanduens était alors borné au nord et à l'est par le pays des Nerviens qui occupait les territoires de Cambrai et de Tournai, et dont la capitale était Bavai ; au midi par le Rémois et le Soissonnais, et à l'ouest par le pays des Ambiens.

Les commentaires (Livre II) citent dix mille Véromanduens comme s'étant joints aux trois cent mille Belges, pour résister à la domination romaine. On sait que la valeur inouïe déployée par les Belges dans la bataille des bords de l'Aisne fut vaine. « Cette foule qui combattait sans art, « plia bientôt sous le choc impétueux des masses « de César systématiquement conduites. »

La défection des Bellovaques (Beauvais) obligea les divers peuples coalisés à retourner dans leurs foyers, et dès lors César put se diriger sur le pays des Nerviens.

Là encore, nous voyons les Véromanduens « plus faibles de nombre, mais des plus constants dans la haine de Rome, » venir secourir le peuple menacé.

La bataille des bords de la Sambre fut des plus sanglantes et la fortune romaine faillit s'y briser. Les Trévires, alliés des Romains, avaient déjà repris le chemin de leur pays, publiant l'entière défaite de ceux-ci. Cependant, César, par sa présence et par son exemple, sut ranimer le courage de ses légions et les phalanges des vaillants peuples du Nord furent battues et leurs restes dispersés. Mais le choc avait été terrible ; car les vieillards nerviens, implorant la clémence du vainqueur, déclaraient que, de 600 sénateurs, il en restait 3, et, sur près de 60,000 hommes, 500 à peine survivraient.

Les Véromanduens vaincus furent-ils soumis, à cette époque, à la domination romaine ?

Un voile épais couvre cette période de notre histoire, et il serait difficile de préciser l'année de leur soumission.

Cependant il est certain que la résistance de ce peuple fut opiniâtre ; le pays supportait difficilement le joug étranger, puisque César fut obligé de s'établir à Samarobrive, tandis que de nombreuses légions hivernèrent dans tout le pays.

Il est probable que le camp romain de Vermand fut occupé à cette époque par les conquérants,

PLAN
du Camp de Vermand

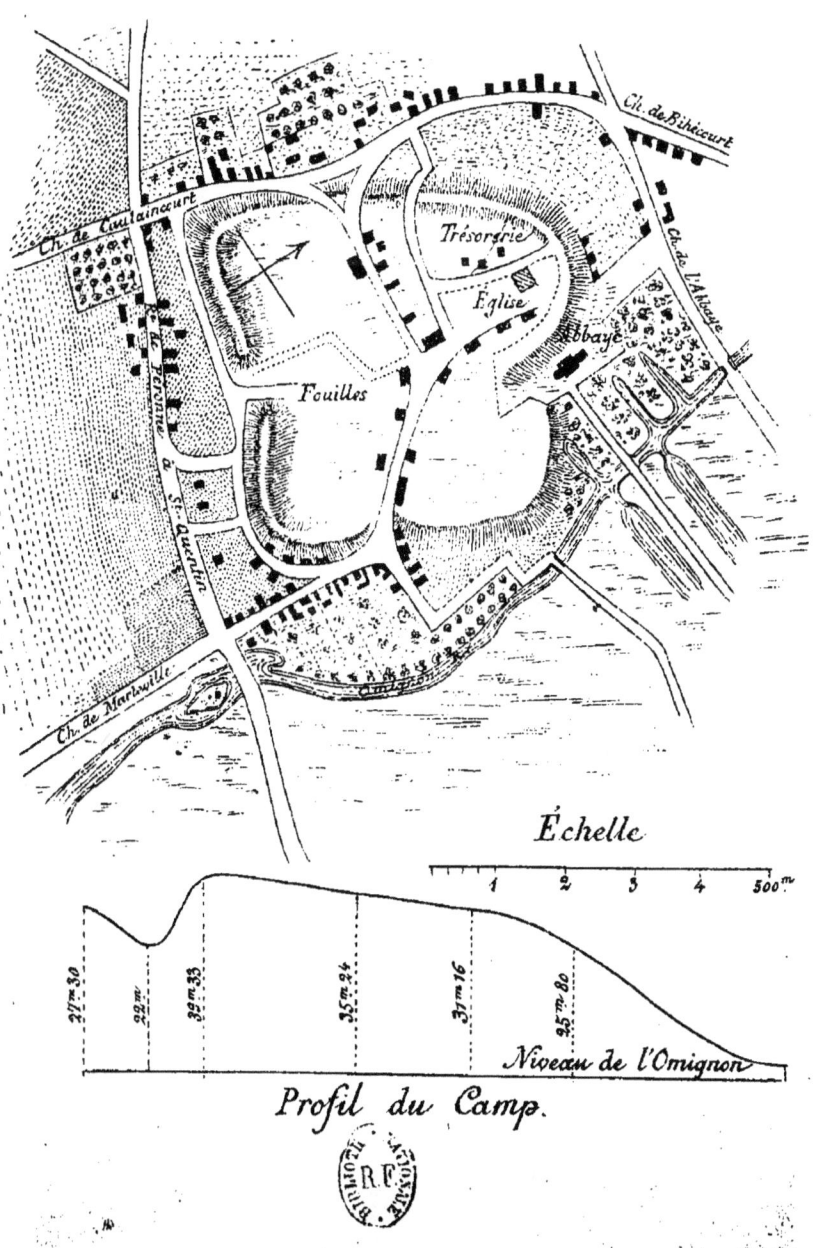

Échelle

Profil du Camp.

comme le prouvent les ruines de ce pays et les nombreuses monnaies que l'on y retrouve.

César dit lui-même (Livre V) que, par suite du manque de récoltes, il changea ses quartiers d'hiver et distribua ses légions dans diverses contrées. Quelques auteurs avancent que ce camp fut tracé par César lui-même. La longue résistance de la contrée peut bien laisser supposer que César, afin de rendre durable la soumission de ces peuples, fut contraint d'établir des camps retranchés destinés à mettre à l'abri de toute surprise les légions de la Gaule.

Quoi qu'il en soit, la politique conquérante et civilisatrice des maîtres du monde sillonna bientôt le pays vaincu de routes stratégiques, et de travaux militaires exécutés par les légions victorieuses. Notre région ne possède ni aqueduc, ni temple; toutefois, on peut citer non-seulement les retranchements connus sous le nom de camps romains, mais encore les nombreux tumulus, aujourd'hui désignés sous le nom de buttes ou tombelles de Pontruet, d'Attilly, de Fluquières : les vestiges des voies romaines appelées aussi chaussées Brunehaut (celles de Vermand, Estrées, Essigny-le-Grand, etc.) : enfin, les tombeaux mis à jour qui attestent, non un passage, mais un établissement permanent (ceux de Vendhuile, Castres, Marteville).

Sous l'empereur Auguste, un grand nombre de villes abandonnèrent leurs antiques noms gaulois; parfois aussi les chefs-lieux de province furent transférés d'une ville à une autre. D'après quelques historiens, ce serait à cette époque que la capitale des Véromanduens aurait été transférée des rives de l'Omignon sur les bords de la Somme, à l'endroit où s'éleva bientôt l'Augusta Veromanduorum.

Cependant, les auteurs sont partagés sur l'emplacement de la cité des Véromanduens. Les uns, Hémeré, Claude Bendier, Louis Hordret, l'ingénieur Henin, Colliette et quelques autres, veulent que cette ville soit Saint-Quentin. Soumise aux Romains, la cité aurait été agrandie et fortifiée par Auguste, qui lui donna son nom.

Elle était alors au midi du Saint-Quentin moderne et aurait compris à peu près les quartiers Saint-Thomas, Sainte-Catherine, Saint-Martin et Saint-Nicaise.

D'autres, principalement Levasseur, chanoine de Noyon, Charles de Bovelles, le père Labbé, Tillemont, le géographe Samson et les auteurs de la Gaule chrétienne, prétendent que Vermand a été l'Augusta, qui perdit sa prééminence et son évêché à l'invasion des barbares. Dans tous les cas, les cités de Saint-Quentin et Vermand, peuvent chacune revendiquer une antique origine, et les nombreux débris romains de ces temps reculés trouvés dans leur enceinte ne laissent aucun doute sur une occupation plusieurs fois séculaire.

Le pays fut divisé en provinces, dont les capitales appelées cités (*civitates*), avaient sous leur autorité administrative plusieurs cantons (*pagi*) secondaires. Les cités conservèrent leurs décurions ou sénateurs et leurs coutumes particulières.

L'administration intérieure fut toute municipale ; un magistrat nommé défenseur eut la mission de protéger auprès des autorités impériales les intérêts de la cité et des citoyens.

On peut admettre que la domination romaine ne fut pas un joug pour notre ville, et que le droit de se gouverner par ses anciennes coutumes lui fut conservé, de sorte que son administration, sous les Romains, resta la même qu'à l'époque gauloise.

Par la suite, la cité des Véromanduens acquit le droit de bourgeoisie romaine : l'un de ses habitants nommé Brésius supérieur, fut même élevé à la dignité de chevalier romain.

Peu à peu les habitudes romaines s'implantèrent dans notre pays : progressivement ausssi le nombre des villes élevées au rang de municipes s'augmenta, et, vers l'an 200 après J.-C., la Gaule tout entière, par ses mœurs et par ses usages, était romaine.

Plusieurs voies militaires, construites par Agrippa, gendre d'Auguste et gouverneur des Gaules, reliaient notre cité aux villes des environs et prouvent ainsi l'importance de notre pays. Il y avait la voie de Reims à Arras, celle de Saint-Quentin à Soissons, de Saint-Quentin à Amiens ; et, enfin, celle de Saint-Quentin à Bavai, dans le Nord, principale forteresse de Nerviens.

Enfin, une dernière preuve de l'importance de la ville d'Auguste de Vermandois, c'est que par la suite et à différentes époques on a trouvé dans les fouilles faites pour l'exécution de certains travaux publics de la ville, une grande quantité de médailles des empereurs César, Auguste, Tibère, Germanicus, ainsi que des armes, des urnes diverses, des lacrymatoires et d'autres vases en usage dans les cérémonies funèbres des Romains. Ces objets laissent supposer le séjour de chefs, de généraux et d'autres romains qui emportaient avec eux, dans leurs tombeaux, ces tristes monuments de la considération qu'ils avaient eue durant leur vie.

CHAPITRE II

Établissement du Christianisme et époque franque

L'histoire de notre province, et souvent celle de la Gaule sous les empereurs, est vide d'événements. Les guerres civiles, les révoltes étouffées dans le sang, la ruine des anciennes croyances et des mœurs nationales, accélèrent la destruction de la vieille société.

« Le monde, préparé matériellement par l'unité romaine, moralement par la doctrine de l'humanité, » reçut peu à peu et au prix des plus grands dévouements, les divins préceptes que Jésus-Christ est venu enseigner aux hommes.

Vers 250, sept évêques, dont l'un était Saint-Denis, partirent de Rome pour évangéliser la Gaule. Bientôt après notre contrée eut ses apôtres, comme le prouvent les persécutions ordonnées par Maximien au préfet de Rictiovare.

Résumons ici le glorieux martyre de saint Quentin, l'apôtre de notre contrée, dont le nom est resté à notre cité.

Après avoir fait mourir à Bazoches, Rufin et Valère, officiers du grenier public, réputés par leur piété, le préfet de l'empereur romain arriva à Soissons, où il fit décapiter Crépin et Crépinien, puis se dirigea vers Amiens où prêchait Quentin, fils du sénateur Zénon, venu de Rome avec onze compagnons (1).

C'était vers l'an 302, sous le gouvernement de Dioclétien, Rictiovare fit saisir Quentin et le mit en prison. Interrogé sur ses prédications, Quentin se contenta de répondre qu'il était chrétien et qu'il refusait de sacrifier aux idoles. Le préfet ordonna alors de le jeter dans un noir cachot avec ordre de l'isoler de tout chrétien. Mais, pendant la nuit, Quentin parvint à s'échapper et continua à évangéliser un grand nombre de personnes. Rictiovare furieux, prit alors la résolution de le faire mourir. Après avoir essayé une dernière fois de gagner le futur martyr, il ordonna de forger deux longues broches de fer qui pussent descendre des épaules jusqu'aux cuisses, et dix lames du même métal destinées à être introduites entre les ongles. Amené au lieu où devait finir son martyre, Quentin pria quelques instants, puis se présenta aux bourreaux. Les deux fiches en fer furent enfoncées dans les

(1) Les onze compagnons de saint Quentin étaient : Saint Crépin, saint Crépinien à Soissons, saint Lucien à Beauvais, saint Rufin et saint Valère à Reims, saint Rieul à Senlis, saint Eugène à Toul, saint Piat à Tournai, saint Marcel à Trèves, saint Fuscien, saint Victorice à Thérouane.

épaules ainsi que les lames au bout des doigts ; enfin, on lui trancha la tête. Son corps, gardé jusqu'à la nuit fut jeté en secret dans la Somme, afin qu'aucun culte chrétien ne pût lui être rendu.

Suivant une tradition populaire, saint Quentin aurait été enfermé dans une prison qui existait à l'endroit où est maintenant la maison dite « le Petit-Saint-Quentin, » et qui se trouve à l'un des coins des rues Saint-Martin et Sainte-Marguerite.

La mémoire de Saint-Quentin ne périt pas avec lui. Cinquante-cinq ans plus tard, une dame romaine, nommée Eusébie, aussi grande par sa piété, qu'illustre par ses richesses et par son origine, vint en Gaule pour rechercher le corps du saint martyr. La légende rapporte qu'aveugle depuis neuf ans, un ange était apparu à Eusébie et lui avait dit : « Va dans la Gaule, cherche le « lieu appelé Auguste de Vermandois et à l'endroit « où le fleuve est traversé par la voie d'Amiens « à Laon, tu trouveras le corps de saint Quentin, « mon martyr. Après l'avoir montré au peuple, « tu l'enseveliras, alors tu recouvreras la vue. »

Eusébie partit avec une suite nombreuse. Arrivée près d'Augusta, elle interrogea un vieillard nommé Eraclien qui lui indiqua le lieu où la voie traversait le fleuve. Bientôt après la surface de l'eau se rida, puis s'entrouvrit, et les restes du bienheureux Quentin apparurent. Eusébie les fit transporter sur le haut de la colline ; mais le corps devint si pesant qu'il fut impossible d'avancer plus loin.

Reconnaissant la volonté de Dieu, Eusébie ensevelit l'auguste dépouille dans cet endroit, et, peu après, dit la légende, suivant la promesse de l'ange, elle recouvra la vue. Une chapelle fut élevée sur la colline, de nombreuses habitations s'élevèrent et, peu à peu, une nouvelle ville couvrit la colline. Grandissant avec le christianisme et désignée d'abord sous le nom de Vicus Sancti Quintini, cette cité devint assez importante, lorsque la religion chrétienne fut reconnue religion de l'Etat, pour donner par la suite son nom à l'ancienne Augusta.

§ II

A travers les siècles, et au milieu des dévastations et des pillages des peuples barbares qui inondent l'empire romain, nous arrivons à l'époque où les contrées du Nord de la Gaule vont être envahies par « le peuple qui seul doit apporter les matériaux de la nationalité française. »

C'est vers 241 avant Jésus-Christ que le nom de Franc apparait pour la première fois dans les fastes de l'histoire. Cependant, dit l'historien Henri Martin, ce peuple était connu depuis longtemps, son nom seul était nouveau ; mais adopté par plusieurs petits peuples, il annonçait qu'une confédération offensive s'était formée contre Rome.

Bientôt, en effet, Décius fut vaincu et les Francs se ruèrent sur les trois provinces germaniques et sur la Belgique. Repoussés par Posthumus, lieutenant de Gallien, ainsi que les Allemands qui avaient envahi le Hainaut et le Vermandois, pillant tout sur leur passage, défaits successivement par Probus, Constance Clore et Constantin, ils furent assujettis par Julien qui leur fit reconstruire les places fortes du Rhin (355).

Cependant Valentinien, puis Gratien ne tinrent les Francs en respect qu'en leur concédant les charges et les honneurs ; et, sous Honorius, Stilicon, par son habileté politique plus que par sa valeur, parvint à effrayer ces peuples confédérés.

A la terrible invasion des Suèves, des Alains et des Vandales en 406, les Francs, établis sur la rive gauche du Rhin, essayèrent vainement d'arrêter les Barbares. Ceux-ci se répandirent dans toute la Gaule. Amiens, Soissons, Arras, Tournay, toutes les villes de la Gaule-Belgique furent pillées et dévastées. Saint-Quentin, Vermand et tout le diocèse de Reims furent le théâtre du massacre, de la destruction et de l'incendie. Laon seul résista, grâce à son heureuse situation. Les Francs s'avancèrent peu à peu. En 428, Clodion, leur chef, vint jusqu'à Cambrai et mit à mort les Romains qui habitaient cette ville. Avec Mérovée et Childéric, son fils, les Francs arrivèrent jusqu'à notre ville (448), mais Aétius, général romain, gouvernant à Soissons, vint les surprendre au milieu d'une fête et les défit complètement. En 475, la capitale du Vermandois passa définitivement au pouvoir des Francs.

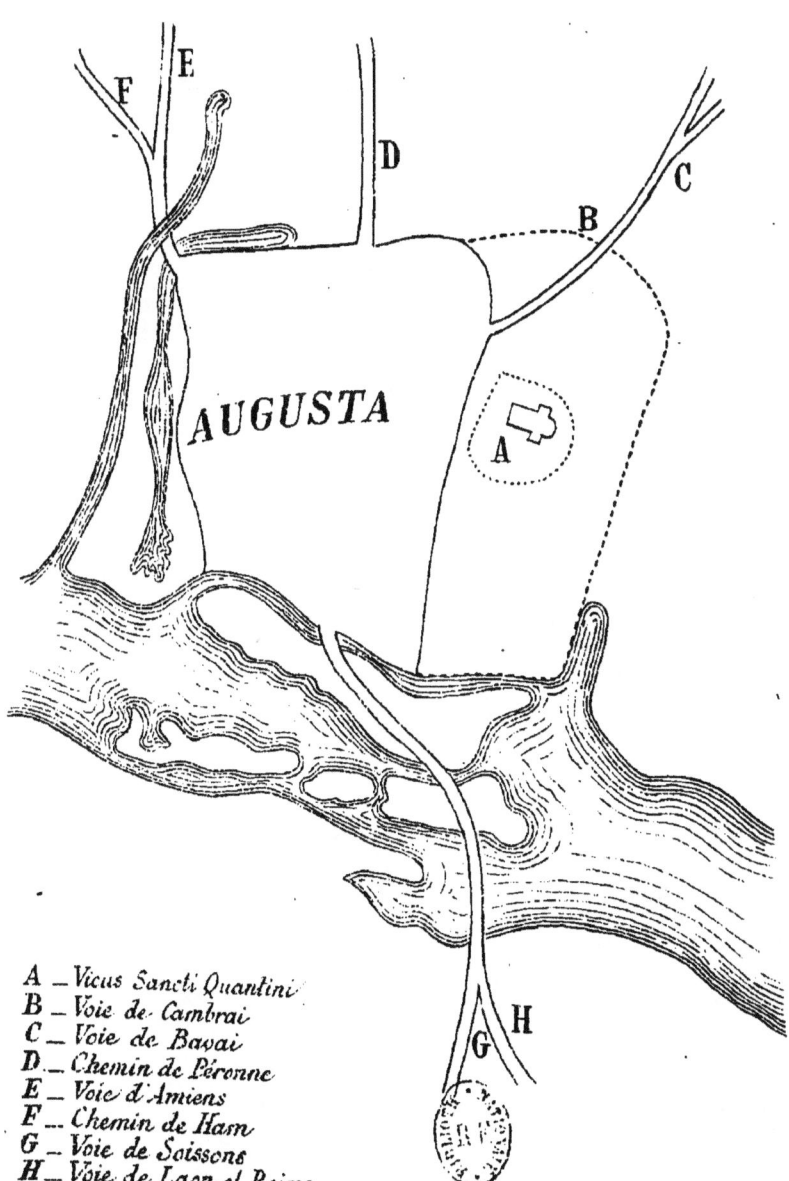

Comme à l'invasion des Vandales, tout notre pays fut dévasté par les Huns conduits par le farouche Attila.

Un général romain, Egidius, gouverna pendant quelque temps notre province et tout le Nord de la Gaule. Le Romain légua le gouvernement à son fils Syagrius qui, attaqué par Clovis I et Ragnachaire, roi de Cambrai, fut défait dans les plaines de Soissons (486). On prétend que Clovis, parti de Cambrai, passa dans la capitale du Vermandois pour aller dans le Soissonnais ; mais il ne reste aucun document confirmant ce passage.

Clotaire I, roi de Soissons, gouverna le Vermandois ; Sigebert, roi de Metz, envahit ce pays et s'empara de l'Augusta de Vermandois ; mais elle rentra bientôt sous la souveraineté de Clotaire I. Enfin, Clotaire II, roi de Neustrie, resta possesseur de ce pays qu'il transmit à ses successeurs. Battu dans les plaines de la Bourgogne et poursuivi par Thierry, son cousin, il passa à St-Quentin, comme le relate une pierre trouvée en 1826, et portant cette inscription : « En l'an 600 fut posé ce « monument par l'ordre de Clotaire, roi des « Francs, fils de Chilpéric, allant à Soissons, le « vingtième du mois de janvier ». C'est en souvenir de cette pierre que la rue où elle fut trouvée prit le nom de Clotaire II.

§ III

Durant ces diverses invasions, le christianisme avait jeté de profondes racines dans notre province et les progrès de la foi augmentaient rapidement.

Dès l'an 287, les évêchés de Reims et de Soissons étaient fondés. Vers l'an 365, un autre évêché fut établi dans la capitale du Vermandois ; Hilaire Ier en fut le premier titulaire.

En 498, saint Remi, archevêque de Reims, détachait une partie de son diocèse, afin d'ériger en évêché la ville de Laon.

Les évêques d'Augusta ont laissé dans l'histoire peu de traces de leur épiscopat, à l'exception toutefois de Sophronius qui, sous Clovis, en 511, parut au concile d'Orléans. En voici néanmoins la liste, empruntée aux archives historiques de Picardie :

(365) Hilaire, Martin, Germain, Maxime, Fossone, Alterne, Hilaire II, Domitien, Remédie, Mercurin, Promote, Sophronie (511), Alomer (530), saint Médard (531).

Saint-Quentin, ville épiscopale, ayant été ruinée par les Barbares en 531, saint Médard, 14e évêque du Vermandois, transféra le siége de son évêché à Noyon.

Quels motifs ont pu déterminer cet évêque à déshériter ainsi la capitale du Vermandois? Les causes en paraissent assez multiples bien qu'un peu vagues. Dans son histoire de la ville de Saint-Quentin, Hordret tend à prouver que les attaques continuelles que Saint-Quentin avait à supporter des Barbares, n'ont pas peu contribué à faire prendre à saint Médard cette fâcheuse détermination. Peut-être aussi ce saint évêque a-t-il été porté à ce transfèrement par le goût naturel que chacun de nous professe pour son pays. Né au village de Salency près Noyon, localité devenue célèbre par sa rosière, saint Médard a sans doute voulu se rapprocher du lieu de sa naissance, d'autant plus que Noyon passait pour une des meilleures places fortes du pays, tandis que Saint-Quentin ne fut véritablement fortifié qu'en 884.

L'Eglise de Saint-Quentin, privée de son chef, n'en a pas moins conservé ses droits épiscopaux jusqu'au 18 août 1703.

Grégoire de Tours dit que cette église, avant l'épiscopat de Saint-Eloi, en 637, continuait d'être renommée par les miracles qui s'y opéraient. Saint-Ouen, dans sa vie de Saint-Eloi, relate que l'église de Saint-Quentin conservait son titre de métropole sous Clovis II, en 638.

On lit, dans Frédégaire, qu'elle était illustre et son clergé considérable ; enfin, dans le catalogue des Evêques de la Gaule, que cette ville, très-peuplée sous Charlemagne (768), avait un clergé composé de 72 chanoines, 80 chapelains et d'un grand nombre d'officiers du chœur.

Au VI° siècle, dit un auteur, le coutre ou trésorier de l'église jouissait de singulières prérogatives. Le jour de son installation, il portait la mître des évêques, et comme un souverain, il faisait une entrée solennelle, monté sur une mule, conduite par le sénéchal du Vermandois. De plus, il pouvait, ce jour-là, affranchir de leur exil tous les bannis de la cité.

CHAPITRE III
Gouvernement des Comtes

Sous la domination des Romains, la Gaule-Belgique obéissait à des gouverneurs jouissant d'une autorité presque absolue.

Dans les villes frontières, il y avait des ducs, et dans les cités des comtes chargés de veiller sur les ennemis du dehors et de maintenir le bon ordre parmi les citoyens. Ces dignités, conférées d'abord pour un temps limité, furent, par l'édit de Querzy-sur-Oise (877), accordées à vie et devinrent ainsi héréditaires dans les familles féodales. Dans l'origine de leur domination, les Francs, plus guerriers que civilisés, n'eurent d'abord d'autres villes que leurs forêts, d'autres maisons que de rustiques bâtiments de bois et d'argile, d'autres possessions que les terres que le prince leur distribuait chaque année suivant la condition, les services ou la valeur de chacun. Peu à peu cependant, en se fixant dans le pays, ces Francs organisèrent une administration qui se rapprocha de celle des Romains. Les chefs eurent dans les attributions de leur gouvernement provincial les pouvoirs de l'intendance, de la guerre, des finances et de la justice.

Les premiers gouverneurs de notre province sont peu connus, l'histoire ne nous a pas conservé fidèlement leurs noms. Cependant on peut mentionner Léodégarius ou Léger qui était comte de Boulogne et d'Amiens vers 484. Eméramus ou Aimeri (511) héritier du pouvoir de Léger, qui, par son mariage avec une comtesse d'Aquitaine, agrandit les provinces soumises à son autorité.

Wagon I succéda à Emeramus au préjudice d'un de ses frères à qui l'Eglise donna le siège épiscopal d'Amiens vers 550.

Wagon II, son successeur, s'enrichit de seigneuries dans le Cambrésis et la Bourgogne. Il avait marié sa fille Bertrade au roi Clotaire II qui hérita ainsi du Vermandois, vers 600. Enfin, Dagobert 1er, fils de Bertrade, Clovis et Clotaire III gouvernèrent successivement notre pays. C'est à cette époque que fut faite par Saint-Eloi l'invention du tombeau de Saint-Quentin. Ce saint évêque fit exécuter des fouilles dans l'église et, après bien des recherches, il finit par découvrir (3 janvier 640), le corps du martyr dont les reliques furent dès lors le sujet de nombreux pèlerinages.

Une dalle de marbre fut placée à l'endroit où Saint-Quentin avait été enseveli puis découvert par saint Eloi ; mais dans la suite des siècles, l'existence de cette plaque devint complétement ignorée.

Il y a quelques années, grâce aux investigations de notre savant archéologue, M. Bénard, maître des œuvres de la Collégiale, l'emplacement ancien fut retrouvé et une nouvelle dalle placée aujourd'hui au fond de la crypte du chœur, conservera aux générations futures ce précieux souvenir du passé.

Clotaire II se dessaisit du Vermandois en faveur d'un seigneur nommé *Garifrède*.

On peut regarder celui-ci comme le premier comte bénéficiaire (vers 660) de cette province.

Ingomare lui succéda vers 680. On rapporte que Garifrède alla s'humilier au tombeau de saint Eloi, évêque de Noyon, dont il avait outragé la mémoire, et qu'Ingomare, de son côté, déploya le linceul du même évêque pour combattre une contagion qui désolait le pays.

Enfin un nommé *Léonellus* reçut le gouvernement du pays sous Thierry III ou Childebert III. Ses successeurs sont tout à fait inconnus, et ce n'est qu'en 741 qu'apparaît le nom de Jérôme, fils de Charles-Martel.

A la retraite de saint Médard, l'Eglise de Saint-Quentin qui n'avait rien perdu de son importance religieuse, continua de se choisir un chef désigné sous différents noms. Les premiers sont connus sous le nom d'abbés. D'autres y joignirent la qualité de comte ; de sorte qu'ils étaient abbés-comtes, réunissant le gouvernement temporel et le gouvernement spirituel. D'autres encore, en plus petit nombre, ont été appelés Custodes, coutres ou trésoriers, c'est-à-dire gardiens de l'église et de ses biens. Leurs fonctions consistaient à recevoir les dons et oblations, à veiller à l'entretien des ornements et du luminaire, à ce qui regardait la célébration des offices, etc. Cette dignité, subordonnée à celle d'abbé et à celle de doyen, a subsisté de 680 à 1484, époque où elle fut supprimée par une bulle du pape

Innocent VIII. Dès lors ses revenus furent réunis à ceux du chapitre.

Jérôme fut à la fois comte de Vermandois et abbé de l'église de Saint-Quentin, par suite des bénéfices ecclésiastiques qu'Innocent III avait donnés au chapitre ; de sorte qu'on le vit tantôt, ayant un casque sur la tête et l'épée à la main, piller les pays d'alentour, faire la guerre accompagné de soldats bardés de fer qu'il appelait ses compagnons ou de vilains appelés serfs ; tantôt, affublé du capuchon de moine, donnant l'antienne au chœur et entouré des religieux du chapitre qu'il appelait frères. Jérôme mourut quelques mois après Carloman, en 771.

La dignité de comte passa à Guintard qui lui était étranger, et celle d'abbé à l'un de ses trois fils, *Fulrad*.

L'administration de Guintard n'a laissé aucun souvenir ; on constate seulement sa présence à l'Assemblée tenue par Charlemagne dans son château de Quierzy. Fulrad fit bâtir une nouvelle église, grâce aux libéralités de Charlemagne qui affectionnait particulièrement l'Augusta de Vermandois.

Cette église, achevée sous Hugues, fut consacrée par Drogon, évêque de Metz, en présence des évêques de Laon et de Noyon. En mémoire de sa générosité et de ses bienfaits, Charlemagne a été regardé comme le principal fondateur de notre église, et chaque année on y célèbre sa fête, le 29 janvier.

Après Fulrad, Guintard réunit les deux dignités d'abbé et de comte jusqu'en 833, époque de sa mort. Elles furent de nouveau séparées sous Louis-le-Débonnaire.

Ce roi donna le titre de comte à *Adélard*, son petit-fils par sa mère Gisla, mariée au comte de Frioul, et celui d'abbé à Hugues, fils naturel de Charlemagne. Hugues est représenté comme un homme pieux ; il fut secrétaire intime de Louis-le-Débonnaire et qualifié de premier notaire de son palais.

A sa mort, Adélard, neveu de Charles-le-Chauve par le sang et son oncle par Ermantrude, épouse de Charles, réunit encore une fois les deux titres. A partir de cette époque (844), les abbés de Saint-Quentin furent tous laïcs et comtes en même temps. Charles-le-Chauve visita, en 845, l'Augusta de Vermandois et ce fut en sa présence que le corps de saint Cassien fut placé dans un tombeau en marbre.

Déjà, en 841, un an après la bataille de Fontenay, Charles était venu à Saint-Quentin célébrer les fêtes de Noël et de l'Epiphanie.

Enfin, en 853, Adélard obtint de ce roi une charte approuvant la fondation d'un hôpital et la concession de tous les biens que le chanoine Hildrade y avait attachés.

En 857, entouré de toute sa cour, Charles-le-Chauve vint de nouveau à Saint-Quentin, et dans une assemblée solennelle, il régla les conditions d'un traité de paix avec ses neveux, fils de

Lothaire. La même année, Louis de Germanie visita Augusta.

Adélard mourut en 864. Baudoin, comte de Flandre, surnommé Bras-de-Fer, gendre forcé de Charles, fut investi du gouvernement du Vermandois. Il fut remplacé dans sa charge, en 879, par Teutricus ou Thierry.

Ce fut vers cette époque que la ville, déjà pillée par les Normands, en 851 et 859, fut de nouveau ruinée par ces pirates qui brûlèrent l'Eglise de Saint-Quentin érigée depuis 59 ans seulement. En 885, Thierry fortifia la ville, afin de la soustraire aux attaques de ces barbares. Ainsi entourées de murailles, l'antique Augusta et la partie plus moderne bâtie autour de l'Eglise qui jusqu'alors étaient restées distinctes, furent réunies et confondues dans une seule enceinte, en même temps que cette nouvelle ville, comme le constate une charte de 865, prenait le nom moderne de Saint-Quentin. Thierry mourut en 886. Avec lui finissent les comtes bénéficiaires dont le pouvoir était déjà restreint depuis 840. En effet, à cette époque, le Vermandois avait été créé comté héréditaire en faveur de Pépin, fils de Bernard, roi d'Italie. Pendant cette dernière période, les comtes bénéficiaires ne gouvernèrent probablement que sur une petite partie du comté ou sous les ordres du comte héréditaire ; car, s'il en était autrement, on ne pourrait comprendre à la fois, pour la même province, un comte bénéficiaire et un comte héréditaire. Sous la condition de rendre hommage au roi, de lui fournir pendant un temps donné des vivres, des armes et même une compagnie de vassaux contre un ennemi commun, Pépin reçut le comté comme fief, c'est-à-dire qu'il eut en propriété héréditaire la province et les villes. Il fut donc le premier des comtes du Vermandois qui se sont succédé jusqu'en 1214. Sous ce gouvernement, la ville s'agrandit et prospéra ; déjà à cette époque, Saint-Quentin comptait 10 paroisses et plusieurs abbayes.

Pépin prit quelque part aux guerres de Charles-le-Simple contre Eudes, mais l'histoire ne donne aucun détail sur son administration. Devenu vieux, il s'était associé son fils Herbert et mourut vers 892.

Plusieurs conciles et parlements se sont tenus à cette époque dans la capitale du Vermandois.

§ IV

Avant de continuer l'historique des comtes du Vermandois, jetons un coup d'œil rapide sur l'état des personnes à cette époque. Au III° siècle, dit la *France populaire*, il y avait trois sociétés en Gaule : les Gallo-Romains, les Barbares et l'Église. Vers le X° siècle, la population de la France se partageait encore en trois castes : il y avait encore les seigneurs, les clercs et les serfs.

Les faibles successeurs de Charlemagne, par suite de leur impuissance, soit à défendre le pays contre les incursions des Normands, soit à réprimer le brigandage et l'abus des attaques continuelles que les seigneurs exercent les uns contre les autres, laissèrent ces seigneurs prendre des mesures pour se défendre eux-mêmes. Ceux-ci bâtirent des châteaux-forts. Mais ces feudataires, en se retranchant dans leurs remparts, prirent graduellement une autorité absolue et bientôt la France entière se hérissa de nombreux châteauxforts. Livrés aux violences des seigneurs féodaux, les propriétaires d'alleux et les bénéficiaires se virent obligés de chercher un appui chez quelque homme puissant du voisinage pour être protégés contre les déprédations de leurs despotes.

Dès lors la plupart des fermiers devinrent de véritables vassaux, et parfois leurs personnes et leurs biens furent les propriétés du châtelain protecteur.

De son côté, celui-ci promettait foi et hommage à un suzerain plus puissant que lui, de sorte qu'une hiérarchie féodale se forma remontant ainsi jusqu'au roi.

Ce système s'établit également dans le clergé : l'évêque fut souvent choisi comme défenseur de la cité. Plus tard, par concession ou même par usurpation, il devint comte ou seigneur temporel. L'Église s'enrichit alors par les donations nombreuses des fidèles ; elle acquit des biens immenses dont la gestion fut confiée à des laïques sous condition de défendre les domaines confiés à leur travail et à leur vigilance.

Les abbés, les évêques devinrent donc des suzerains temporels et par la suite cette féodalité ecclésiastique fut si puissante qu'elle embrassa plus du cinquième de la France.

Au-dessous des seigneurs et du clergé étaient les serfs ou hommes de la terre, livrés à l'entière discrétion de leurs puissants maîtres. Il y avait les maimmortables payant les cens, rentes et redevances de leurs servitudes. Ces serfs ou esclaves ne pouvaient pas même se marier sans le consentement de leur seigneur. A un autre degré étaient les tenanciers appelés les vilains, manants ou roturiers. Plus libres principalement dans les villes, ceux-ci pouvaient transmettre leurs biens à leurs enfants ; mais placés sous la juridiction absolue du seigneur, l'arbitraire était souvent la seule loi appliquée à leur égard. Ils payaient des redevances en nature telles que blé, volailles, bétail, et étaient soumis aux corvées. Enfin, les serfs payaient des droits de mutations, d'amendes de pêche et de chasse ; des droits de banalité, c'est-à-dire la permission de se servir du moulin, du four, du pressoir, du rouissoir, etc. Telles étaient, en abrégé, les diverses conditions des habitants de la France à cette époque.

Malgré l'esprit du temps, la ville de St-Quentin jouissait de certains privilèges et les habitants ne furent jamais soumis à cette puissance féodale du moyen âge. C'est ce que constate un historien de notre ville, L. Hordret.

« Saint-Quentin, dit-il, n'a jamais été possédé à
« titre patrimonial ; l'état ancien, le caractère,
« les mœurs des habitants et l'espèce d'association
« qui régnait entre eux ne peuvent laisser
« supposer qu'ils aient jamais été serfs. »

Après cette digression destinée à rendre plus compréhensible cette époque reculée, nous reprenons la nomenclature historique des comtes du Vermandois.

HERBERT Ier

Nous avons dit que Pépin avait eu pour successeur son fils Herbert ou Héribert. Tantôt ami, tantôt ennemi de Charles-le-Simple, Herbert s'allia à Robert, comte de Paris, frère du roi Eudes, dont il était le gendre, contre le comte de Flandre et Raoul de Cambrai qui soutenaient Charles-le-Simple. Saint-Quentin et Péronne, pris en 897, furent repris avec l'aide des Normands, et, dans un combat près d'Origny, Raoul de Cambrai périt de la main d'Herbert. Redevenu l'allié de Charles, Herbert assista à Reims au deuxième sacre de ce roi et fut assassiné en 902 par un nommé Alcuin, émissaire de Baudoin-le-Chauve, frère de Raoul, dont le fils était gendre d'Herbert II. Ce comte s'était fait reconnaître abbé de Saint-Quentin et transmit ce titre à son fils Herbert II, en même temps qu'il mariait l'une de ses filles au duc de Souabe et l'autre, Alix, au comte de Flandre.

HERBERT II

Herbert II, marié à Hildebrande, fille de Robert, saccagea à son tour Cambrai, trempa dans la conspiration des grands contre Charles-le-Simple, et combattit en 923 à la bataille de Soissons où Charles fut battu. Il fallut dès lors élire un roi, et Herbert comptait sur les suffrages. Cependant le choix se porta sur Raoul de Bourgogne, gendre de Robert.

Herbert d'un caractère perfide ne fit rien paraître de son ressentiment et rentra dans ses domaines. Cet ambitieux comte possédait alors, outre Saint-Quentin, les châteaux de Péronne, Estrées, Guise, Ribemont, Le Ronssoy, Vendeuil, Chauny, Ham et Nesles. Par la suite, il parvint à dominer dans l'Amiénois, le Laonnois, le Rémois, le Soissonnais et même en Champagne.

C'est à cette époque que Herbert s'empara de Charles III qu'il avait attiré à Saint-Quentin. Après l'avoir accueilli avec toute sorte de démonstrations respectueuses, il le fit enlever secrètement à Château-Thierry, puis à Péronne. En récompense de sa trahison, Herbert avait espéré obtenir la ville de Laon, la seule forteresse importante du roi détrôné ; mais Raoul, redoutant la puissance de ce vassal, en disposa en faveur de Roger.

Le comte Herbert fit alors sortir Charles de sa prison, le promena de ville en ville et s'empara, en 929, de Laon, dont il pilla les châteaux.

La paix, conclue avec Raoul, fit rentrer le malheureux Charles-le-Simple dans sa prison où il mourut en 929. La conduite des seigneurs à l'égard du roi fut flétrie par les évêques assemblés au concile. Ceux-ci imposèrent une pénitence publique à tous ceux qui se battirent à Soissons contre leur roi légitime. Une nouvelle guerre amena bientôt la ruine du Vermandois. Saint-Quentin, assiégé, ne se rendit qu'après une défense qui dura deux mois. Laon, Château-Thierry furent pris et repris. Enfin la paix fut signée en 935.

Louis IV d'outre-mer, rappelé d'Angleterre par Hugues, duc de France, hérita des démêlés de Raoul, et fut presque toujours en guerre jusqu'à la mort du comte, en 943.

Selon Flodoard, Herbert serait mort à Saint-Quentin entouré de ses enfants, et son corps fut déposé dans la chapelle de Notre-Dame de Labon. Selon Raoul Glaber, Herbert aurait été pendu par ordre de Louis IV sur une montagne appelée le mont Fondu, située entre Laon et Saint-Quentin et nommé depuis le mont Herbert.

On raconte que Louis, ayant convoqué un grand conseil dans Laon, sa capitale, proposa cette question : « Quelle peine doit-on infliger au sujet qui, » traître à son souverain, a fini par lui ôter la » vie ? » Tous les seigneurs, Herbert lui-même, furent d'avis que ce sujet méritait la potence. « C'est ton arrêt de mort, dit alors le roi à Herbert, et, l'ayant fait saisir, il le fit attacher aux fourches patibulaires. »

Herbert, dit *Anquetil*, mourut en prononçant, pendant toute son agonie, ces paroles de désespoir : « Nous étions douze qui trahîmes le roi Charles. »

Il laissa en mourant cinq fils, savoir : Albert, qui lui succéda dans son comté ; Hugues, qui fut archevêque de Reims ; Robert, comte de Troyes ; Eudes, comte d'Amiens ; Herbert, comte de Meaux et une fille qui épousa Thibault, comte de Montaigu, près de Laon.

ALBERT Ier

Albert Ier, son fils lui succéda. Sous son gouvernement, Raoul de Gouy, fils de Raoul que Herbert avait tué dans un combat, désola le Vermandois, s'empara de Saint-Quentin et pilla le monastère d'Homblières. Surnommé le Pieux, par opposition aux deux Herbert, ce comte fut dévot et pacifique. Il rendit au chapitre de Saint-Quentin les droits et revenus dont les comtes s'étaient emparés, releva l'abbaye de Saint-Quentin-en-Isle et donna même son château aux religieux de Saint-Prix (Saint-Prix, évêque de Clermont en 674 dont les reliques avaient été apportées à Saint-Quentin sous Charlemagne). On a la liste des doyens du chapitre de Saint-Quentin depuis cette époque (853) jusqu'à la Révolution.

Quoique laïc, Albert, comme ses prédécesseurs, était revêtu de la qualité d'abbé et tenait le premier rang dans l'Eglise : mais il n'a guère conservé cette dignité que comme titre d'honneur, et, pour maintenir la discipline, il autorisa les chanoines à nommer un chef ecclésiastique sous le nom de Doyen. Cette élection s'est continuée avec l'agrément des comtes et plus tard, avec celui des rois de France, jusqu'en 1694.

A cette époque, le roi, sous prétexte qu'il avait la collation des canonicats réclama, à plus forte raison, la nomination du Décanat (doyen). Sous le gouvernement d'Albert, furent fondées, vers 944, l'abbaye de Saint-Prix, près Saint-Quentin (plaine de Rocourt) qui, en 1474, fut transférée dans la ville ; l'Abbaye d'Homblières, en 948. En cette année, les Bénédictins vinrent remplacer des religieuses qui y étaient établies depuis le VIIe siècle. L'abbaye de Saint-Quentin-en-Isle, fondée au commencement du VIIe siècle, sécularisée dans le Xe, mais rentrée dans la règle, vers 960, fut transférée dans la ville au XVIe siècle. En même temps, Albert accordait une charte aux habitants de Saint-Quentin. Par cet acte, que l'on peut regarder comme un véritable évènement historique, les Saint-Quentinois eurent la franchise des personnes et des biens, et s'appelèrent alors bourgeois ; un mayeur fut chargé de la Justice civile et criminelle, de la voirie et même de la surveillance des fortifications.

Albert le Pieux mourut en 987, regretté de sa famille, de son peuple et des rois Louis IV, Lothaire et Louis V, sous lesquels il avait vécu. Il laissait de sa femme Gerberde, fille de Louis d'Outremer : Herbert III, qui lui succéda, Othon, mort sans postérité, Lindulphe qui fut évêque de Noyon et Gui, nommé plus tard trésorier de cette même Eglise.

HERBERT III (989-1014)

Herbert III, succéda à Albert, en 988. Adalberon, évêque de Verdun, lui fit hommage de quelques domaines, en récompense de services rendus. Sous son gouvernement, le chapitre reçut la terre de Sinceny, près Chauny, à la condition de brûler des cierges devant le tombeau de l'apôtre du Vermandois. Herbert, comme plusieurs comtes, ne parut pas au sacre de Hugues Capet qui s'emparait du royaume et de la couronne de France, l'année même où Herbert était comte de Vermandois ; cependant il le servit comme son suzerain. Nullement guerrier, mais religieux, l'histoire a peu de faits à relater de son gouvernement. Il mourut en 1014.

ALBERT II (1014-1038)

Ce comte, fils et successeur d'Herbert III, vécut dans le libertinage, le repentir et les infirmités ; on l'appela comte pendant 7 ans, bien qu'il se fut fait moine en 1018. Après des alternatives d'entrées et de sorties du cloître, il finit par mourir dans la débauche.

OTHON I (1031-1045)

Othon, son frère, lui succéda, en 1031. Connu par ses libéralités, il eut pour femme Papia ou Pavia, fille du duc d'Aquitaine. Othon eut 3 fils, et mourut le 25 mai 1045, après un règne de 24 ans. C'est de cette époque que date l'institution des prières solennelles en mémoire des morts.

HERBERT IV (1045-1081)

Herbert IV fut le dernier comte de la race de Pépin, roi d'Italie, ou même de Charlemagne. Il succéda à son père et épousa Adèle, fille de Raoul, comte de Valois. Une inscription, qui s'est vue jusqu'aux derniers temps du chapitre de Saint-Quentin, donnait l'idée de l'installation de ce comté. Son administration, de 1045 à 1081, fut celle de la paix et du bonheur privé. Il fit fleurir la justice, et fut l'un des grands seigneurs de son temps. Sous son gouvernement fut fondée l'Eglise paroissiale de Saint-Remy. Henri Ier revenant de sa conférence avec l'Empereur, en 1047, fut reçu avec solennité par Herbert qui lui abandonna pendant son séjour toute son autorité, comme devoir du vassal envers le suzerain. Henri, enchanté, prodigua ses bienfaits à la ville et à son église.

Herbert avait une cour nombreuse : un *vicomte* le remplaçait en son absence, un *bailli* était juge dans ses domaines, un *prévôt* recevait ses revenus, un *châtelain* ou gouverneur commandait sa milice, un *mayeur* réglait la police et les intérêts des citoyens, un *sénéchal* réunissait toutes les bannières sous la sienne ; enfin des *secrétaires* rédigeaient les actes, un *chancelier* apposait le sceau du comte, tandis que nombre de gardes et de soldats remplissaient les emplois subalternes.

ADÈLE (1081-1124)

Aux dépens de son frère Eudes, surnommé l'Insensé, Adèle ou Adélaïde de Vermandois, succéda à son père, du consentement de celui-ci et des principaux seigneurs. Elle était mariée à Hugues de France, troisième fils de Henri Ier. Hugues guerroya d'abord pour son frère Philippe Ier contre Foulques, à qui le roi avait enlevé Bertrade ; puis il prit la croix à Saint-Quentin, en 1095, et partit pour la Terre-Sainte. Fait prisonnier par Alexis Commène, puis rendu à la liberté, il portait, durant la croisade, le grand étendard, et avait sous ses ordres les différents seigneurs du comté du Vermandois. Revenu en France après la prise de Jérusalem, il se croisa de nouveau quelques années plus tard. Blessé dans un combat, Hugues mourut à Tarse, en 1101. Adèle gouverna le comté jusqu'en 1124, époque de sa mort.

RAOUL-LE-GRAND ou le BORGNE (1124-1152)

Raoul succéda à sa mère. Il fut le fondateur de la seconde maison de Vermandois. Il perdit un œil au combat de Livry, sous Louis-le-Gros, où toute la noblesse de Vermandois combattit sous ses ordres. Célèbre dans toutes les guerres de Louis-le-Gros, il tua Thomas de Marle, si connu par ses cruautés, et vengea ainsi la mort de son frère Henri. En 1133, en récompense de ses services, il reçut la dignité de grand sénéchal de France. Le pape Innocent II, qui était venu sacrer Louis VII, le visita dans son château de Crépy-en-Valois, et, lorsque le roi se croisa en 1149, Raoul, resté en France, fut, sous la régence de la reine, chargé du gouvernement des armées. Après avoir épousé Eléonore, fille de Thibault, comte de Champagne, il fit casser son mariage par les évêques de Senlis, de Noyon et de Laon, afin d'épouser Adélaïde de Guyenne, sœur de la reine. Mais Thibault le fit excommunier, ce qui amena une guerre qui mit le pays à feu et à sang. Raoul mourut à Crépy, en 1152. Ce fut le plus grand et le plus illustre de tous les comtes qui ont gouverné le Vermandois. Il eut de sa femme Adélaïde de Guyenne, un fils nommé Raoul qui lui succéda, et deux filles, Elisabeth, mariée à

Philippe d'Alsace, et Eléonore, mariée cinq fois sans laisser d'enfants.

RAOUL II ou le JEUNE (1152-1167)

Raoul succéda à son père, sous la tutelle de Yves de Nesles, seigneur connu par sa naissance, sa sagesse et sa probité. Raoul, né avec des infirmités qui lui ont fait donner le surnom de lépreux, avait besoin d'un régent, car il a végété plutôt que vécu, jusqu'à l'âge de 17 ans. Il mourut en 1167, dans son château de Crépy. D'après Henri Martin, la ferme de Saint-Ladre, au faubourg d'Isle, indique encore aujourd'hui une léproserie fondée à cette époque par la charité saint-quentinoise.

ELISABETH (1167-1182)

Elisabeth, sœur aînée de Raoul II, nièce de Louis-le-Jeune, épousa Philippe d'Alsace, qui prit le titre de comte du Vermandois. Ils firent des concessions de communes à prix d'argent. Philippe renonça à la qualité d'abbé, jusqu'alors liée à celle de comte. Ami de saint Bernard et de Louis VII, il se croisa en 1176 et assista au sacre de Philippe-Auguste, dont il était le parrain. Elisabeth mourut à Arras en 1182, et Philippe, retourné une deuxième fois en Palestine, mourut en 1191, devant Saint-Jean-d'Acre.

ÉLÉONORE (1182-1214)

A la mort d'Elisabeth, sa sœur Eléonore réclama le Vermandois. Après de longs débats, il fut convenu qu'elle conserverait le Valois. Mais

Philippe-Auguste l'invita à revenir sur son engagement et à lui céder ses droits. Eléonore le fit et bientôt la réclamation des domaines cédés amena une guerre dans laquelle Philippe-Auguste s'empara de Bohain, de Saint-Quentin, et poursuivit son ennemi dans la Picardie. Un légat du pape, alors en France, intervint et fit obtenir au Flamand le droit de conserver les villes de St-Quentin et de Péronne jusqu'à sa mort. Il fut même convenu que Eléonore lui succéderait, mais celle-ci, quoique mariée quatre ou même cinq fois, ne laissa pas d'enfant, et à sa mort (1214) Philippe fit rentrer ce comté sous sa domination.

Avec cette princesse finissent les événements qui se rattachent à l'histoire spéciale de Saint-Quentin, et cette ville fit dès lors partie du Bailliage du Vermandois dont le chef-lieu était Laon. C'est à cette même époque que les chroniqueurs rapportent la tragique aventure de Gabriel de Vergy, au château de Fayet, vers 1191.

Les comtes avaient été de véritables souverains : leurs revenus consistaient principalement dans des domaines qu'ils faisaient valoir. Il y avait, dans la plupart des terres, un palais, un bois, des étangs, des bestiaux soignés par des esclaves surveillés par un intendant. Les comtes étaient-ils en voyage ? Alors ils logeaient dans les abbayes ou chez les principaux vassaux. Souvent ils passaient d'une ferme à une autre, dépouillant tour à tour leurs vassaux et consommant une grande partie de ce qui se récoltait.

En terminant ce chapitre, constatons que, d'après Louis Hordret, Saint-Quentin jouissait, par droit de nature, de l'immunité absolue de toutes charges pour ses fonds, maisons et héritages. C'était à elle même que notre cité devait ses libertés, c'est-à-dire, à son illustration, à son ancienneté, à sa valeur, et elle ne relevait d'aucun seigneur, ni en fief, ni en censive. Lorsque le comté fut réuni à la couronne, c'est sous la condition expresse que la ville de Saint-Quentin continuerait à jouir de ses prérogatives, reconnue par Philippe-Auguste et par ses successeurs.

CHAPITRE IV
(COMMUNE)
Établissement des Communes

Dans presque toute la France, le peuple gémissait sous les lois inhumaines de la servitude, et les seigneurs, après avoir vexé les vassaux, leur faisaient encore subir les plus mauvais traitements. Aussi cette tyrannie envers des sujets accablés d'impôts toujours croissants et de corvées, cette indifférence à rendre une justice d'ailleurs arbitraire, enfin leurs besoins d'argent pour prendre part aux Croisades, suscitèrent graduellement parmi le peuple un mouvement général de haine et d'émancipation. Les villes commencèrent à secouer les chaînes qui les avaient accablées durant des siècles et recouvrèrent les priviléges perdus depuis longtemps. Ce ne fut qu'au prix de son sang, de son argent ou des produits de son travail, que le peuple parvint à affranchir sa personne et ses biens du joug de ses tyrans. Saint-Quentin fut l'une des premières villes qui s'érigèrent en communes. On désignait alors sous ce nom une cité ne reconnaissant plus d'autre suzerain que le roi. Dès qu'une ville possédait une charte communale, elle plaçait à sa tête des magistrats nommés mayeurs, jurés et échevins qui veillaient à la défense et à l'organisation des milices. Une cloche, placée au sommet d'une haute tour ou beffroi, avertissait la population et donnait l'alarme au moindre danger. Elle servait à sonner le couvre-feu et à annoncer les réunions des bourgeois.

Quelques historiens font remonter la charte de Saint-Quentin au comte Albert Ier, ce qui laisserait supposer qu'elle fut la première ville qui obtint des franchises municipales. Cependant on croit généralement que la ville fut seulement constituée en commune en 1102. Quoi qu'il en soit, cette charte fut renouvelée par le comte Raoul, à prix d'argent, confirmée de nouveau par Eléonore, et approuvée par le roi Philippe-Auguste. Dans la suite elle servit souvent de modèle aux chartes des villes environnantes.

Voici les principales dispositions de la charte confirmative de Philippe, regardée comme un des monuments les plus curieux de cette époque :

I. — Sachent tous présents et à venir que nous avons accordé et fait jurer en notre nom de garder et de maintenir inviolablement dès que le comté de Vermandois sera en notre possession, les us et coutumes dont les habitants de Saint-Quentin jouissaient du temps de Raoul et de ses prédécesseurs sans préjudice néanmoins de l'obéissance et fidélité qui nous est due comme souverain et du respect qui est dû à l'Eglise de Saint-Quentin comme proépiscopale et à cause de sa juridiction de chrétienté.

II. — De même tous les pairs du Vermandois et grands personnages du comté ont juré de l'observer, les clercs, sauf le privilége de leur ordre, les chevaliers, sauf la fidélité due au comte comme souverain.

III. — Les habitants de la commune ont la liberté de leurs personnes et de leurs biens; aucune réclamation ne peut leur être faite si ce n'est par jugement des échevins......

VI. — La commune ne pourra exercer la justice hors de la banlieue, mais dans ses limites, elle l'exercera telle qu'elle le devra......

VII. — Si un étranger ayant commis un meurtre, un vol ou un rapt, se réfugie dans la ville, il pourra être arrêté par notre officier de justice en quelque lieu de la ville qu'il soit.

VIII. — Un étranger peut se faire incorporer dans la commune à moins qu'il ne soit de nos hommes ou serfs.

IX. — Nos francs hommes pourront s'établir dans la commune, sauf à payer, au seigneur abandonné, le droit personnel, ou par ceux qui ne sont pas attachés à la glèbe.

XI. — Un délit constaté et dont la plainte est faite en présence des mayeurs et jurés, entraîne la démolition de la maison du malfaiteur ou le rachat si les mayeurs et les échevins le veulent ; la rançon est employée à entretenir les fortifications de la ville.

XIV. — Si quelqu'un forfait à la commune, le mayeur peut le sommer de paraître en justice : s'il ne se présente pas, il peut être banni ; et sa maison démolie, même dans la banlieue par les mayeurs et les gens de ville.

XV. — Tout habitant peut être cité partout où il est rencontré seulement de jour. Si quelqu'un meurt, possédant quelque tenure, le mayeur et les jurés doivent mettre aussitôt les héritiers en possession ; ensuite, s'il y a procès, la cause sera débattue.

XVI. — Tous les procès doivent se terminer dans l'enceinte de la ville de Saint-Quentin. . .

XXIV. — Il sera payé pour l'entretien des chaussées de la ville, une obole par voiture de 2 chevaux non ferrés, et un denier quand ils seront ferrés ; le double pour une voiture de 4 chevaux. . . .

XXV. — Un homme étranger est sauf de ce qu'il apporte ; mais ce qu'il laisse appartient au seigneur délaissé, pourvu qu'il en ait disposé comme il doit à son seigneur . . . .

XXXVIII. — Au premier ordre, la commune se rendra à notre armée ; ceux en armes ne seront tenus de comparaître en justice depuis l'ordre donné . . . .

XLV. — Nous ne pouvons ordonner la refonte des monnaies sans le consentement du mayeur et des jurés. . . . .

LVII. — Nous ne pouvons mettre ni bans, ni assises de deniers sur les propriétés des bourgeois.

LIX. — Les gens de la ville peuvent moudre leur blé et cuire le pain où ils le veulent. . . .

LX. — Le mayeur et les jurés peuvent, s'ils ont besoin d'argent pour la ville, lever un impôt sur les héritages et l'avoir des bourgeois et sur toutes les ventes et profits en ville.

Les magistrats ne conservèrent pas les privilèges conquis sans avoir souvent à lutter soit contre les seigneurs, soit contre le clergé. L'évêque surtout se plaignit souvent au roi des droits de l'autorité municipale et parfois le ban de Dieu, mis sur la ville, n'était levé que lorsque les magistrats avaient donné satisfaction à l'Eglise et que la commune eut payé de fortes amendes.

Sous Eléonore, dans un différend avec le chapitre de Saint-Quentin, le mayeur et ceux qui avaient pris part à quelque attentat contre ledit chapitre, furent condamnés d'aller de Rocourt nu-pieds, en caleçon, faire amende honorable aux Clercs de la Collégiale, et les bourgeois payèrent 700 livres par suite d'un jugement rendu à Paris et sanctionné par Philippe-Auguste.

CHAPITRE V
La Commune sous le gouvernement des Rois

Philippe-Auguste. — L'histoire de notre province réunie à la couronne ne laisse pas d'exciter encore un grand intérêt. A la bataille de Bouvines, en 1214, la ville de Saint-Quentin, ou plutôt le Vermandois, signala sa réunion à la couronne par des prodiges de valeur de la part de ses citoyens et des principaux seigneurs de la province.

L'empereur d'Allemagne, le roi d'Angleterre, le comte de Flandre et le duc de Bourgogne s'étaient ligués contre Philippe-Auguste. Celui-ci n'attendit pas les coalisés. A la tête de son armée, suivi de tous les seigneurs de Picardie et d'un grand nombre d'habitants de Saint-Quentin, entre autres Gérard de la Truie qui, dans le combat, perça le cheval de l'empereur, et Wallon de Montigny, qui portait l'oriflamme, Philippe s'avança à la rencontre de l'ennemi! La bataille fut gagnée, et le comte de Salisbury, frère du roi d'Angleterre, conduit prisonnier à Saint-Quentin. Le roi, en récompense, combla de ses bienfaits la ville et l'église dont il fut, ainsi que ses successeurs, le premier chanoine.

SAINT LOUIS. — Saint Louis visita souvent cette ville ou plutôt se rendait en pèlerinage aux reliques de son saint patron. Chaque fois il y laissa des traces de sa munificence. Il assura les droits de l'Eglise par actes solennels et rétablit la paix entre le chapitre et les bourgeois qui avaient encouru ses censures. En 1257, saint Louis, accompagné de ses deux fils et des principaux seigneurs de sa cour, vint assister à la translation du corps de saint Quentin, de saint Cassien et de saint Victorice qui, de l'église primitive, furent transportés dans la crypte du chœur de la nouvelle métropole.

Grâce aux libéralités du saint roi, les travaux de l'église, commencés dès l'année 1115, furent continués avec célérité. A cette même époque (2 septembre 1257), la dédicace en fut faite avec la plus grande solennité en présence de l'archevêque de Reims, des évêques de Laon, de Noyon, d'Amiens, de Tournai et des principaux seigneurs du pays.

PHILIPPE-LE-BEL. — Philippe-le-Bel, à son retour de la guerre de Flandre, s'arrêta plusieurs jours (1207) à Saint-Quentin, avec sa femme et les nombreux seigneurs ou princes de sa cour. Il visita les villes, châteaux et forteresses des environs afin de juger par lui-même si elles étaient en bon état de défense.

Philippe-le-Long. — Par suite de la disette des denrées nécessaires à la vie, pendant les années 1319 et 1320, Philippe-le-Long permit l'établissement de la foire de Saint-Denis (9 octobre), avec franchise et exemption de tous droits.

Les droits de la commune furent parfois contestés et même diminués. Sur le rapport envieux des officiers royaux, Philippe-le-Hardi s'était réservé, par arrêt de 1272, la peine de mort prononcée pour crime. Vers 1316, le bailli du Vermandois et le procureur du roi contestèrent aux magistrats municipaux l'exercice de la justice dans la banlieue et les faubourgs, mais par une charte de 1316, Philippe-le-Long maintint les droits contestés. Cependant, en 1317, ce même roi suspendit la commune par suite de contestations sur certaine juridiction, et un officier du roi fut chargé de l'administration de la justice de la commune.

Charles IV, dit le Bel. — Mais en 1322 Charles IV, rendit ce droit aux magistrats de la cité moyennant 600 livres tournois de peine pécuniaire.

Philippe de Valois. — Par sa charte de 1347, ce roi confirma les anciennes libertés, privilèges et franchises que ses prédécesseurs avaient accordés à la ville de Saint-Quentin.

Jean II, dit le Bon. — En 1340, le roi Jean II, à la veille de faire une descente en Angleterre, annonça aux mayeurs et échevins de la ville qu'il avait choisi pour garde, sûreté et défense de son navire et de sa personne, les Arbalétriers et les Pavesiens que Saint-Quentin lui avait envoyés.

En 1356, après la bataille de Poitiers, nous voyons toute la noblesse du Vermandois s'intéresser au roi prisonnier et contribuer à la somme exigée pour sa rançon.

Les habitants firent même de nouveaux remparts dans le but de se maintenir plus étroitement encore dans le service de l'obéissance au roi

CHARLES V. — Saint-Quentin assista également Charles V qui accorda à la ville de nouvelles franchises et libertés.

CHARLES VI. — La commune en agit de même envers Charles VI, qui vint plusieurs fois à Saint-Quentin avant d'être dépossédé du gouvernement de son royaume. On voit encore, dit Louis Hordret, dans l'église, du côté nord, une grande vitre où le roi et Isabeau de Bavière, son épouse, sont peints aux côtés du glorieux martyr qui y est représenté avec des chaines aux pieds et aux mains.

En 1422, par suite du traité de Troyes et aussi du mariage de Henri V avec Catherine de France, fille de Charles VI, la ville tomba au pouvoir du roi d'Angleterre.

CHARLES VII. — L'attachement des habitants pour leur nouveau seigneur fut faible, et pourtant Henri V, grâce au duc de Bourgogne, en conserva la possession jusqu'en 1434 ; mais, dès 1430, si Charles VII, après avoir été sacré à Reims, se fût présenté, les habitants étaient disposés à le reconnaître comme seigneur. Le traité d'Arras, en 1435, accorda à Philippe de Bourgogne la ville de Saint-Quentin, les forteresses environnantes à l'exception de Ham, et les revenus du Vermandois, moyennant 400,000 écus d'or, avec foi et hommage au roi de France qui réserva le droit de rachat. Par ce traité, Charles VII, sans être possesseur du Vermandois, en redevint, plus tard, souverain et seigneur.

Louis XI. — Le duc jouit paisiblement de sa seigneurie jusqu'en 1463, mais à cette époque, Louis XI, malgré le refus du comte de Charolais, en reprit possession par le paiement de 400,000 écus qu'il s'était efforcé de se procurer. Le traité de Conflans, 1465, rendit au duc ses immenses domaines sous la réserve que le roi pourrait les racheter de nouveau moyennant 200,000 écus, mais seulement après la mort du comte. A son retour de Liège où il s'était vu obliger d'accompagner le duc de Bourgogne, Louis XI brûlait du désir de recouvrer Saint-Quentin et les villes environnantes. Sous le spécieux prétexte de plaintes qu'il avait d'ailleurs suscitées secrètement, il assembla les Etats-Généraux à Tours, et ceux-ci ordonnèrent au duc de Bourgogne de comparaître devant la cour du Parlement de Paris. Le refus du duc amena une prise d'armes, et bientôt le connétable de Saint-Pol, d'ailleurs aidé des bonnes dispositions de notre cité, entrait à Saint-Quentin à la tête de 200 lances et d'un grand nombre d'arquebusiers (1470).

Le connétable, au nom du roi, reçut les serments des habitants, heureux de se retrouver sous le gouvernement du roi. Le duc de Bourgogne, cédant aux sollicitations des ducs de Berry et de Guyenne, frères du roi, leva une brillante armée qu'il réunit à Arras, et se disposa à recouvrer Amiens et Saint-Quentin ; mais la politique astucieuse du roi eut encore raison de cette menace. Louis XI dépêcha au duc le sire de Craon, ex-gouverneur de Saint-Quentin, et, par la promesse de ces deux villes, il parvint à arrêter cette ligue qui fut dissoute peu après par la mort du duc de Guyenne (1471). Malgré la promesse du roi, Saint-Quentin échappa au duc de Bourgogne à cette même époque par la trahison du connétable.

Comme nous l'avons dit, Saint-Pol s'était emparé de Saint-Quentin au nom du roi ; mais en possession des châteaux environnants, Ham, Bohain, Vendeuil, Guise et autres. Il conçut le projet de soustraire cette place au gouverneur du roi, le seigneur de Craon. Les soldats du roi lui servirent à exécuter son projet, l'une des principales causes de sa perte et de sa ruine. Louis XI, ainsi trompé, s'entendit avec le duc pour se venger de la perfidie du connétable, qui bientôt comprit sa fâcheuse position ; aussi s'empressa-t-il d'offrir au duc de Bourgogne, Saint-Quentin, Bohain, Ham, en réclamant des forces qui lui furent envoyées. Mais, sous divers prétextes, et par trois fois, il renvoya les renforts demandés, tandis qu'il faisait les mêmes offres au roi d'Angleterre, Edouard IV.

Celui-ci saisissait cette occasion avec empressement, et bientôt, allié au duc de Bourgogne contre le roi de France, il s'avança de Péronne vers Saint-Quentin. Les Anglais comptaient être reçus comme des libérateurs. Quelle ne fut pas leur surprise lorsque, arrivés sous les murs de cette ville, ils se virent accueillis à coup de canon !

Cette conduite inexplicable pour le duc et pour Edouard IV, neveu par alliance du connétable, amena le désaccord entre les deux alliés. Le duc prit congé du roi d'Angleterre qui conclut alors avec le roi de France le traité de Picquigny, 29 août 1475. Ce fut la perte de Louis de Luxembourg, comte de Saint-Pol. Celui-ci s'en aperçut trop tard. Vainement, il essaya de se remettre dans les bonnes grâces de Charles-le-Téméraire ; Louis XI, débarrassé des Anglais, se mit d'accord avec le duc, et malgré un sauf-conduit délivré par celui-ci, Saint-Pol fut livré à Louis XI. Amené à Paris, un arrêt du Parlement condamna à mort le connétable qui fut exécuté en place de Grève, le 2 décembre 1475. Par sa femme, il était beau-frère de Louis XI.

Saint-Quentin, Ham, Bohain et autres dépouilles du comte supplicié rentrèrent, selon les conventions de ce turbulent duc, sous la domination de Charles-le-Téméraire ; mais sa mort, arrivée l'année suivante sous les murs de Nancy, replaça Saint-Quentin sous la domination royale.

En 1468, Maximilien d'Autriche prétendit à la possession de Saint-Quentin. Le seigneur de Montigny, Frédéric-de-Hornes, essaya même de surprendre la ville. A la tête de 1100 hommes, guidé par un traître et à la faveur de la nuit, il pénétra dans Saint-Quentin par le château de l'Abiette ; mais les habitants réveillés prirent les armes en toute hâte et repoussèrent les assaillants qui se retirèrent aussitôt. Trois mois plus tard, Maximilien essaya lui-même de s'emparer de Saint-Quentin. Il était déjà assez près de la ville lorsqu'un nommé Maillefer, étonné de voir des troupes, vint avertir les magistrats de la cité. Le seigneur de Moy, alors gouverneur, prit aussitôt toutes les mesures nécessaires pour repousser l'ennemi. Maximilien averti par les feux allumés qu'il était deviné dans son projet, rebroussa chemin.

Par le traité de Madrid, Charles-Quint renonça définitivement à ses droits sur Saint-Quentin. La paix de Cambrai confirma cette renonciation, de sorte que notre ville appartint de fait et de droit au roi de France.

Ces traités assurèrent quelques années de repos à notre cité. Cependant, en 1536, le comte de Nassau, à la tête des Espagnols, vint camper sous les murs de la ville et fit mine de l'assiéger. Le seigneur de Floranges, alors à Laon, accourut au secours de notre cité. Le comte de Nassau reconnut bientôt les difficultés d'une attaque sérieuse ; et, peu après, il leva le camp, non sans avoir jeté dans la ville une panique excessive, si l'on en juge par une procession instituée à cette époque dans le but de remercier Dieu du départ des Espagnols.

Saint-Quentin, à cette époque, comptait de neuf à dix mille habitants. La ville était divisée en seize quartiers; seize mayeurs d'enseigne étaient chargés de la police, sous les ordres du mayeur, des échevins et des jurés. Au point de vue religieux, 14 églises la divisaient en autant de paroisses; un grand nombre de chapelles, de nombreux établissements hospitaliers, des béguinages, de riches abbayes habilement administrées, enfin divers ordres religieux : tel était l'ensemble de notre cité au XV° siècle.

En 1481, une compagnie d'archers fut instituée par Louis XI, qui, dès 1461, avait également établi une compagnie d'arquebusiers.

CHAPITRE VI

Topographie

Augusta, par sa réunion avec l'enclos de l'église de Saint-Quentin, s'est agrandie du double, et dès lors elle fut considérée comme une puissante ville, ainsi que le constate Philippe de Commines, en parlant du connétable de Saint-Pol. Elle fut même désignée sous le nom de Saint-Quentin-la-Grande.

A sa réunion à la couronne, quoique diminuée de grandeur, elle mesurait 580 toises de longueur et presque autant de largeur; son circuit comptait 2,000 toises, non compris divers retranchements et le faubourg d'Isle, appelé la Basse-Ville.

Des fouilles faites par M. de Longueville, gouverneur de la province, ont mis à découvert des matières et des blocailles assemblées avec du ciment extrêmement dur, qui font supposer que la ville s'étendait autrefois à l'occident, au-delà du quartier du Vieux-Marché et des bastions de Richelieu et Longueville *(aujourd'hui aux environs de la rue Royale)*.

Vers 1350, le faubourg d'Isle fut détaché de la ville, comme l'indiquait une longue muraille qui s'étendait depuis Tour-y-Val jusqu'à la porte d'Isle. Sous Louis XII, le quartier de Pontoiles fut isolé également de la ville principale ; enfin, peu après le siège de Saint-Quentin, une quatrième fraction fut détachée, vis-à-vis de la Tour à l'Eau, située derrière le couvent des Cordeliers. Ce lieu, de forme triangulaire d'une base de 200 toises, a toujours été appelé depuis le Coupement *(quartier de l'Abattoir)*.

Avant 1557, la ville, défendue à l'orient et au midi par la rivière et les marais de la Somme, était entourée au nord et à l'ouest par de fortes murailles de grés, flanquées de plus de 60 tours distantes l'une de l'autre d'environ 20 toises.

Après le siège, on ajouta 10 grands bastions et entre ceux-ci des demi-lunes. En 1595, M. de Longueville fit élever des travaux dans le fossé du quartier de Remicourt et le bastion de Longueville, à la porte du Vieux-Marché. Le vicomte d'Auchy fit faire le bastion Saint-Jean. En 1596, fut construite la tour Sainte-Catherine. Henri IV fit élever la tenaille de Remicourt composée de 2 bastions situés entre ceux du roi et de la reine.

En 1625, de nouveaux bastions, de nombreuses demi-lunes furent ajoutés aux fortifications des quartiers de Remicourt, de Saint-Jean et de Richelieu, et en 1635, le bastion du Coulombié, en avant de la grosse tour.

Enfin, des travaux de défense furent exécutés au faubourg d'Isle, aux islots de Saint-Prix et de Tour-y-Val, en même temps que l'on rebâtissait la porte Saint-Martin, vers 1640.

Portes

On comptait anciennement 6 portes par lesquelles on pénétrait dans Saint-Quentin. *La porte Saint-Martin,* construite en 1521, remplacée et fortifiée de nouveau en 1642 ; la *porte Mayeure,* à l'extrémité de la rue Saint-Eloi et de la rue d'Ostende ; la *porte d'Isle,* située aux environs de la rue de la Raffinerie ; la *porte de Remicourt,* qui occupa l'extrémité de la rue du même nom ; la *Belle-Porte,* qui menait à un donjon flanqué de 4 tourelles et qui, plus tard, prit le nom de porte Saint-Jean, à cause de la proximité de l'église Saint-Jean. Enfin, la *porte du Vieux-Marché* qui donnait sur la route de Péronne.

Faubourgs et Lieux dits

Le *faubourg du Vieux-Marché* s'étendait jusqu'à la chapelle d'Epargnemaille. Ruiné en partie par le campement de l'armée espagnole, en 1557, ce faubourg a presque disparu par suite des travaux exécutés à diverses reprises, entre autres le bastion de Longueville en 1635.

Le *faubourg de Remicourt* a formé un hameau qui s'est détaché de la ville au fur et à mesure que l'on a augmenté et étendu les fortifications de ce côté.

Le *faubourg Saint-Jean* s'est au contraire agrandi par suite de la suppression des portes du Vieux-Marché et de Remicourt, il s'est alors étendu vers Cepy et Fayet, puis vers les pièces de terre dites des Coutures.

Le *faubourg de Pontoilles* eut d'abord une grande importance en y comprenant le faubourg Saint-Nicaise. Mais les travaux élevés de ce côté, ainsi que la construction des bastions Saint-Louis et du Coulombié, obligèrent les habitants de s'éloigner. Ils s'établirent alors sur le chemin de Ham et aux environs de l'abbaye de Saint-Prix.

Enfin, le *faubourg d'Isle* faisait d'abord partie de la ville à laquelle il était relié par 2 ponts. On voyait encore autrefois les restes de la muraille qui servait de fermeture commune avec toute la ville. Plus tard, cette partie, connue sous le nom de Basse-Ville, fut détachée : une muraille, construite de la porte d'Isle à Tour-y-Val, sépara le faubourg et l'abbaye de Saint-Quentin en Isle du reste de la cité.

Outre les faubourgs, on doit encore signaler aux alentours de la ville : les *Islots*, *Saint-Prix*, l'*Abbaye* du même nom, d'abord château des comtes, abandonnée par Albert ; le *Noirmont* situé sur un plateau, près d'une petite colline à l'ouest de Saint-Quentin ; *Florimont*, autre éminence près la chapelle d'Epargnemaille ; la *Vallée du roi*, aux environs de la rue des Glacis ; *Plaisance*, réunion de quelques maisons près de la porte Saint-Jean ; enfin les *Coutures* grandes pièces de terre allant de la porte Saint-Jean à celle de Remicourt, et accordées à la ville par une charte de Philippe-le-Long.

Fontaines

On citait à Saint-Quentin la fontaine *Turgeon* qui prenait son origine dans un grand héritage de la rue Mayeure, la fontaine des *Bouillons*, donnant de très-belles eaux et située dans les fossés du faubourg d'Isle ; la fontaine *Ferrée*, renfermée dans un bassin de pierres, mais dont les eaux n'étaient ni aussi vives, ni aussi agréables que les précédentes ; la fontaine *Sainte-Catherine*, en deçà du moulin du Grosnard ; enfin la *Fontaine aux murs*, probablement située quartier Saint-Nicaise, et la fontaine *Noire*, dont l'emplacement est resté inconnu.

Quartiers et anciens détroits de la ville

La ville était divisée en quartiers ou détroits, dont quelques-uns sont inconnus aujourd'hui.

Il y avait le *détroit d'Aouste*, aux environs de Saint-Thomas ; *le Castel*, d'une grande étendue, dont il ne reste aucune trace ; le *Cloître*, quartier le plus rapproché de l'église Saint-Quentin ; le *détroit d'Isle*, commençant au Petit-Pont et s'étendant au delà de la porte d'Isle ; le *Biez* s'étendait de la porte d'Isle à Tour-y-Val ; les *Cimetières* communément appelés Atria ; le quartier de la *Monnaie* où se trouvait la maison du gouverneur ; le quartier de *Pontoilles,* faubourg de ce nom ; le *Coupecaire,* où fut construit le bastion Saint-Louis ; enfin, le *Villers*, au bastion du Coulombié, et le *Canal*, à l'est de la porte d'Isle et du faubourg de ce nom.

Places et Marchés

La Grande-Place, un peu plus longue que large, située au centre de la ville, était ce qu'elle est encore aujourd'hui. A ses quatre coins aboutissaient de grandes artères ou rues des six portes de la ville, excepté celles de Remicourt et de deux autres rues, dont l'une conduisait au Cloître et l'autre à la grande Eglise.

Sur cette place, se vendaient les céréales, le vin, le pain, le beurre, les fruits, les herbages, le bois, les foins, les volailles, etc. On y voyait deux halles servant au commerce de la boucherie et de la poissonnerie.

Il y avait en outre :

Le *Vieux-Marché,* situé près des remparts, au bout de la rue Sainte-Marguerite ; la *petite Place Saint-Quentin*, *côté sud de l'église,* mesurant 75 m. de long sur environ 40 m. de large. Le marché au blé s'y tenait pendant la foire de la Saint-Denis.

La *Place Saint-André*, près de l'église de ce nom ; la place aux *Pourceaux*, à proximité de la porte Saint-Jean, devant laquelle était l'hôpital de la Trinité ; la *Place des Campions,* quartier Saint-Thomas ; la place où se vendait le charbon, probablement au devant de la maison des Canonniers, le *Marché au lin* près du puits de la Rose, rue des Liniers ; la *Place Saint-Louis*, tout près des remparts; la *Place des Suzannes,* près de l'église Sainte-Pécinne, à l'est de la ville ; enfin la *Place de la Cognée,* dans le détroit d'Aouste, quartier Saint-Thomas, et celle dite des *Enfants de chœur* à l'est de la Collégiale.

Églises et Chapelles

Enumérons d'abord les nombreuses églises paroissiales :

La première et la plus importante est l'Eglise Saint-Quentin, collégiale placée sous le vocabie de Saint-Quentin et Notre-Dame.

Les travaux de reconstruction remontent à 1115, et elle n'a été complètement terminée, telle que nous la voyons aujourd'hui, qu'en 1681. Cette église était honorée de 72 chanoines. En second lieu, nous devons citer l'*Eglise Saint-André*, bâtie en 1214, *Sainte-Pécinne* en 1088, *Saint-Jacques,* établie par le bourgeois Gérard et reconstruite en 1280 par Quentin Barré ; puis les églises *Saint-Jean, Saint-Martin* et *Sainte-Marguerite,* qui remontent à 1214; *Saint-Thomas,* fondée en 1182, *Sainte-Catherine* en 1214, *Notre-Dame, Saint-Remy* en 1045, *Saint-Nicaise,* élevée en 1152 et *Saint-Eloy,* au faubourg d'Isle, érigée en paroisse en 1164.

Comme nous l'avons déjà dit, ces diverses églises, entourées de leurs cimetières, divisaient la ville en 14 paroisses distinctes.

A côté de ces églises principales, s'élevaient les abbayes de *Saint-Quentin en Isle*, et de *Saint-Prix*; l'église des *Jacobins*, fondée en 1220; celle des *Cordeliers* en 1210; le couvent des *Capucins*, établi vers 1610, celui des *Cordelières* ou sœurs grises, vers 1280, la maison d'*Origny*, les chapelles de l'*Hôpital*, *du Petit-Pont*, de *Notre-Dame* de *Soissons*, d'*Epargnemaille*, de *Saint-Lazare*, de *Notre-Dame de Labon*, la chapelle *Sainte-Hunégonde*, celle du *Collège* et celle de l'*Hôtel-Dieu*.

Certaines églises ou chapelles ont disparu entre autres l'église *Saint-Pierre au canal*, qui avait été érigée en 1170, celle de *Tous les Saints*, l'église *Saint-Pierre le moien* dans le quartier des Cordeliers, la chapelle *Saint-Nicolas*, la chapelle *Ronde*, du quartier Sainte-Catherine, la chapelle de la *Trinité*, près de la porte Saint-Jean, la chapelle des *Suzannes*, celle du *Temple*, celle de *Saint-Laurent*, rue Mayeure; enfin *Notre-Dame de la Pitié* existait sur la chaussée de Rocourt.

Etablissements de Charité

Si les nombreuses églises et chapelles que nous venons d'énumérer révèlent la piété et la dévotion des anciens habitants de Saint-Quentin, la création des hôtels-Dieu, des hôpitaux, maladreries et béguinages, qui se trouvent dans cette ville au nombre de plus de 40, font également ressortir la charité des anciens bourgeois de notre cité et leur généreuse assistance envers le prochain, pour le soulagement de ses misères et de ses afflictions.

En effet, ces établissements avaient été fondés, soit pour secourir et panser les malades, loger les pauvres, héberger les pèlerins, soit pour recevoir les femmes en couches, instruire les enfants pauvres, loger les veuves, etc.

On peut citer :

Le *Grand Hôtel-Dieu*, fondé par les doyens, chanoines et chapitre de la Collégiale, et destiné à recevoir les malades en proportion de ses revenus. Cet hôpital, bâti rue de la Sellerie, fut détruit et brûlé au siège de 1557.

L'hôpital *Buridan* fut établi en 1290, près la porte Saint-Martin, par Mathieu Buridan; l'hôpital du *Cloître* fut créé par Hildrade pour y recevoir 12 pauvres vieillards.

L'hôpital de la *Belle-Porte* ou de la Trinité, fondé vers 1,200, près de la porte Saint-Jean.

L'hôpital *Notre-Dame*, rue de la Gréance, date de 1191.

L'hôpital *Lambais*, rue de la Gréance, vers 1340.

L'hôpital *Cakin*, fondé par Philippe Cakin en 1191.

L'hôpital de *Pretencourt*, celui des *Enflés*, situé près l'église, du côté de la petite place Saint-Quentin et fondé en 1161.

L'hôpital *du Petit-Pont*, établi en 1352, par Jean de Meulen, natif de Saint-Quentin et évêque de Noyon.

L'hôpital *de Pontoilles*, très-ancien, dans le quartier du même nom.

L'hôpital *du Grenetier*, fondé par Jeanne la

Grenetière, vers 1303, situé derrière le couvent des Jacobins.

Enfin l'hôpital *Saint-Martin* et celui de Chauny.

Passons à l'énumération des béguinages, les principaux étaient :

Celui d'*Etreillers,* fondé pour des femmes âgées, établi vers 1150, dans une maison de la rue de la Poterne, proche de la maison d'Origny ; le béguinage de *Gibercourt,* fondé le 7 août 1570, par Catherine Lallier, veuve de Louis Varlet, seigneur de Gibercourt, aujourd'hui rue des Vieux-Hommes ; le béguinage de *Villecholles*, établi au bout de la rue au Charbon, fondé en 1554, par Jean Carpentier.

Une *maison de Charité,* rue de la Fosse ; la maison des *Capets,* ou collège des Bons-Enfants, fondé par le doyen et les chanoines du Chapitre, et augmenté vers 1300, par suite des bienfaits de Gossuin, le grenetier et de Jeanne, sa veuve.

Enfin citons le *Porchet* de la rue des Rosiers (1340), le *couvent de Lorges,* le *couvent du Roi,* la *maison du Séminaire,* située rue Sainte-Pécinne, fondée par François Guevot en 1585 ; la *maison de Bournival* près de l'église Saint-Thomas, donnée en 1587 par Quentin Barré, mayeur de la ville, pour y recevoir des jeunes garçons et leur apprendre un métier.

Monuments et Maisons diverses

Les historiens de notre cité, en affirmant l'existence d'un château de Saint-Quentin, ne peuvent en désigner l'emplacement d'une manière certaine.

Flodoard qui vivait en l'an 900, dit que Hébert-le-Grand, arrêta Charles-le-Simple dans son château de Saint-Quentin.

Peu après, raconte-t-il, Hugues-le-Grand, comte de Paris, s'empara de la ville et du château de Saint-Quentin sur Hébert ; mais, après la trève conclue entre eux, ce dernier refusant de rendre la ville et la forteresse, Hébert aidé des Lorrains, l'assiégea en 935 et rasa le château. On peut dès lors supposer que, bâti vers 885, peu après les invasions normandes, ce château a disparu vers 935.

Quentin de la Fons suppose deux châteaux : l'un, dans le district d'Aouste, rasé en 935, qui aurait été rebâti et aurait subsisté pendant plus de 500 ans, sans cependant qu'on connaisse en quel temps il a disparu et pour quel sujet il a été démoli ; l'autre, qui devint plus tard l'abbaye de Saint-Prix. Sous le nom de Castellum, on peut comprendre le quartier de l'église formant une étendue délimitée par les rues de la Sellerie, du Collége, du Gouvernement et Croix-Belle-Porte.

Les comtes du Vermandois entourèrent de murs cette enceinte et en firent leur château. On y pénétrait par deux portes, l'une rue Saint-André, commandée par l'ancien beffroi disparu, et l'autre appelée porte Fréreuse, rue Fréreuse dont le nom existe encore aujourd'hui.

Maison du Roi

Outre le château, il existait la *Maison du Roi*, ainsi appelée parce que non-seulement le Roi y avait quelquefois logé, mais encore parce qu'elle lui appartenait. Cette maison, située près de la rue Delatour, paraît être désignée plus tard sous le nom de halle aux Poids ; elle était près de l'église vers le sud et opposée à celle que le chapitre avait baillée au doyen. On suppose que l'habitation du doyen est la maison qui a été édifiée en forme de palais par Lacbard, abbé de Saint-Quentin, et qui a toujours servi aux abbés et aux comtes qui ont exercé cette dignité dans la cité. Lors de la réunion du Comté du Vermandois à la couronne, les rois ont hérité des droits que les comtes et les abbés avaient sur cette maison, jusqu'à ce que Philippe-le-Bel l'ait vendue aux mayeur, jurés et commune de la ville de Saint-Quentin.

Maison de Paix

Depuis l'établissement de la commune de Saint-Quentin, cette ville a toujours eu une maison qui lui était propre et particulière, et désignée sous le nom de maison de Paix. Cette maison a été reconstruite en 1509 sous la direction de Oudard de Marle, alors argentier de la ville. Charles-de-Bovelles, chanoine de Saint-Quentin, indique par une énigme en vers la date de la reconstruction. Ce remarquable édifice est l'hôtel-de-ville actuel. Nous aurons occasion d'en faire la description dans un des chapitres suivants. On doit encore citer l'*Hôtel de la Monnaie* lieu où se frappait la monnaie du comte, édifice fort ancien que l'on croit être l'ancienne maison du Temple dont une partie fut employée en dernier lieu au logement du Gouverneur : la *Maison des Etats ;* près de l'église Notre-Dame, où se tenaient les assemblées extraordinaires concernant les affaires du royaume; cette maison fut brûlée à la prise de la ville, en 1557.

Le *Beffroi*, bâtiment fort ancien, surmonté d'une tour carrée en grès, au-dessus de laquelle on avait placé une sorte de clocher. Ce bâtiment situé rue Saint-André, appartenait à la ville. Lorsque l'autonomie de la ville eut disparu avec ses priviléges, le beffroi servit de prison, de corps de garde et de guet.

Signalons également la *Halle aux poids* où l'on pesait toutes les marchandises venues du dehors, la *Halle aux draps* ou halle aux laines, la *Halle aux chausses*, celles *aux cuirs ;* enfin, l'*Arsenal* ou magasin des armes et munitions de guerre, placé au centre de la ville à l'endroit ou se trouve actuellement le Marché-Couvert.

Pour compléter cette nomenclature de monuments publics ou de maisons remarquables, il nous reste à énumérer les diverses maisons de retraite que les abbayes ou les seigneurs des environs possédaient dans la ville de Saint-Quentin.

Citons d'abord les maisons de *Prémontré* (1176), du *Mont-Saint-Martin* (vers 1200), de l'abbaye de *Vermand*, rue du Temple, de *Saint-Prix et de Saint-Martin*.

La maison de l'*abbaye de Sainte-Benoîte d'Origny* (1137), située rue de la Gréance, et plus tard une 2e maison, paroisse Sainte-Marguerite ; la maison de l'abbaye de *Fervaques* et l'*Hôtel de Royaumont*, près de l'ancien jeu de paume, quartier Saint-Martin.

Les seigneurs de Moy avaient un hôtel, quartier Saint-Thomas, les ducs Saint-Simon avaient le leur près du couvent des Cordeliers ; le seigneur de Fonsommes possédait une maison rue Saint-Jean, celui de Thenelles, rue de Remicourt, celui de Sissy, rue de la Gréance, celui de Jeancourt, rue Sainte-Marguerite, le seigneur de Villecholles, rue Saint-Martin, enfin ceux de Nampcelle et de Marteville, rue Saint-Remy, et le seigneur de Gibercourt, rue Croix-de-Belle-Porte.

A côté de ces divers hôtels ou maisons énumérées par Q. Delafons, M. Ch. Gomard cite deux maisons assez remarquables. L'une, la maison du Petit Saint-Quentin, que la tradition désigne comme occupant l'emplacement de la prison où saint Quentin fut enfermé avant de subir le martyre. Suivant un ancien usage et jusqu'en 1790, lors de la procession des Rogations, le clergé s'arrêtait devant cette maison pour y chanter des antiennes, tandis qu'une jeune fille, vêtue de blanc, venait déposer une couronne de fleurs sur la châsse renfermant les reliques de saint Quentin qui, à cette occasion, étaient portées processionnellement. La seconde maison, *celle de la Croix de Fer*, située à l'angle de la rue Saint-Jean et de la rue Croix-des-Belles-Portes et qui, construite en 1582, s'est conservée jusqu'à nos jours. Cette maison, avant 1790, avait pour enseigne une croix de fer

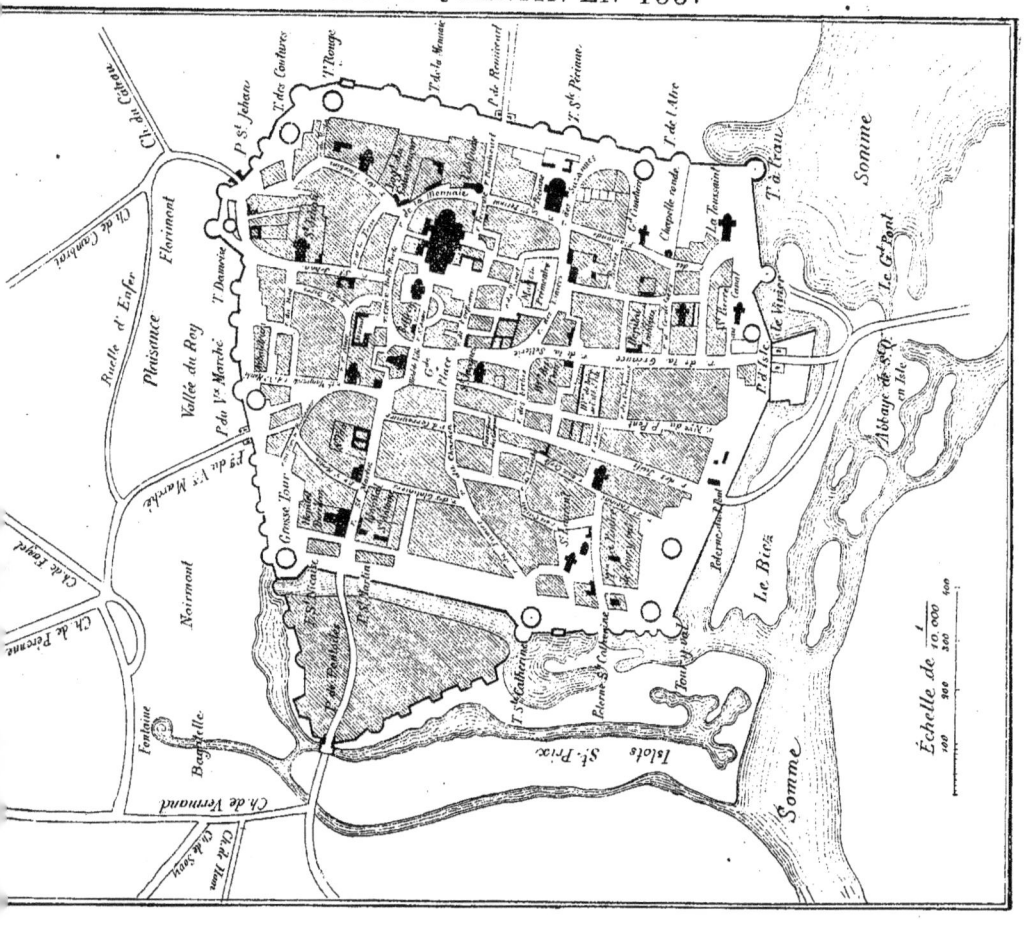

SAINT-QUENTIN EN 1557

qui pendait à l'angle formé par ses deux façades, ce qui probablement a valu à la rue le nom de Croix-des-Belles-Portes, pour la distinguer du reste de la rue Saint-Jean.

(D'après le manuscrit de Quentin de la Fons, publié par Ch. Gomart.)

Établissements religieux

1° Abbaye d'Isle

L'abbaye d'Isle a une origine presque aussi ancienne que l'Eglise de Saint-Quentin. Par suite des nombreux visiteurs et pèlerins qui fréquentaient le lieu où sainte Eusébie avait découvert le corps de saint-Quentin, les clercs et chanoines de l'église avaient fait élever une chapelle où demeuraient quelques ecclésiastiques. Cette chapelle s'accrut insensiblement et par la suite Albert Ier éleva un chanoine de l'Eglise, Anselme, à la dignité d'abbé ou de supérieur de la communauté. Anselme, aidé des secours du comte, établit bientôt une abbaye régulière. Autour de la chapelle, en 1146, une magnifique église, dédiée à saint Pierre et saint Paul, remplaça l'ancien édifice, mais elle disparut au siège de 1557. Dès lors, l'abbaye fut transférée dans la ville par les soins de Régnault Leblond, riche bourgeois de la ville. Une nouvelle église, élevée en 1567, fut consacrée en 1582 par l'évêque de Noyon.

En 1718, l'abbaye fut reconstruite sur un nouveau plan, avec une entrée principale rue d'Isle. Cet établissement encore existant reçut une autre destination à l'époque de la Révolution. Il fut vendu avec toutes ses dépendances et aujourd'hui il sert de filature.

2° Abbaye de Saint-Prix

Cette abbaye doit son origine au comte Albert I*er* et son nom aux reliques de Saint-Prix. Albert, voyant avec peine que son palais avait été la prison du roi son souverain, l'abandonna aux religieux de Saint-Benoît. Saint-Prix, évêque de Clermont, vers le VII*e* siècle, avait été mis à mort à l'occasion du martyre d'Hector, patrice de Marseille ; son corps, inhumé à Volvic, à deux lieues de Clermont, fut, un siècle plus tard, retrouvé en entier et rendu vénérable à toute la France. Charlemagne, à la prière de Fulrad, enrichit la capitale du Vermandois de deux morceaux de ses reliques. Plus tard, l'Eglise en abandonna une partie à l'abbaye qui, depuis, a porté le nom de Saint-Prix.

L'abbaye, transférée dans la ville, à la fin du XIV*e* siècle ou au commencement du XV*e* siècle, fut gouvernée par trente-six abbés *réguliers*, jusqu'en 1514, et par dix abbés *commendataires* jusqu'en 1760, époque à laquelle les revenus de cette abbaye furent employés à l'instruction de jeunes clercs réservés au diocèse.

3° Abbaye de Fervaques

L'abbaye de Fervaques prit naissance dans le milieu du XII*e* siècle, à la prière de Reinier, sénéchal du Vermandois et seigneur de Fonsomme. Saint Bernard établit une communauté de religieuses près de ce village, à la source de la

Somme. Grâce à la générosité de ses fondateurs, cette abbaye fut bientôt riche. Dès 1148, elle avait pour abbesse Ermengarde, fille de l'un des fondateurs. En 1319, l'abbé de Clairvaux jugea que les revenus étaient suffisants pour nourrir cinquante religieuses de *chœur*, dix sœurs *converses* et vingt autres personnes. Mais en 1557, le monastère fut rasé par les armées envahissantes, et vainement, en 1580, 1595 et 1630, les religieuses essayèrent-elles de se rétablir dans leur retraite, chaque fois elles en furent expulsées par les ennemis de la France. C'est alors qu'elles firent édifier l'importante abbaye de Fervaques dans la ville de Saint-Quentin.

Rappelons pour mémoire les abbayes célèbres d'Origny-Sainte-Benoîte, d'Homblières, de Vermand et du Mont-Saint-Martin, situées aux environs de Saint-Quentin.

Collège

Le *collége* de Saint-Quentin doit son institution première ou sa fondation à Alomer, évêque de cette ville, en 527. Saint-Médard, enfant du diocèse, vint y puiser les premiers éléments des sciences ; malheureusement les barbares, durant leurs invasions, détruisirent bientôt cet établissement scolaire ainsi que tous ceux du royaume. Charlemagne, grâce aux conseils du savant Alcuïn, ordonna en 787 le rétablissement des écoles publiques, mais cette ordonnance fut sans effet en plusieurs endroits. Aussi, du VIIIe au Xe siècle, l'ignorance fut-elle en honneur, même parmi la noblesse. Les études cependant recommencèrent à fleurir dans la province de Reims, durant les xie et xiie siècle, à Laon et dans quelques villes voisines de ces paroisses..

Dès le xiie siècle, le chapitre de l'église royale de St-Quentin reconstruisit et réorganisa son collége dénommé Collége des Bons Enfants. Ce titre était écrit sur le frontispice de sa porte d'entrée principale : *Collegium bonorum puerorum*. Peu importante d'abord, cette institution classique s'étendit progressivement, grâce aux libéralités de nombreux bienfaiteurs. Ainsi, en 1254, Saint-Louis donna pour cette fondation cent sols parisis de rente sur son péage de Saint-Quentin. En 1303, Gossuin, le grenetier, et sa femme dotèrent le collége d'un fonds considérable dont les revenus étaient destinés à l'entretien de douze pauvres étudiants qui furent appelés Capets, à l'exemple de ceux nommés ainsi au collége de Montaigne à Paris. D'autres bienfaiteurs complétèrent l'œuvre de Gossuin et de sa femme, et bientôt ce collége devint assez riche en revenus tirés de ses propres fonds. En 1557, le collége fut en grande partie détruit. Une de ses salles, restée debout après le siége, fut renversée par un ouragan en 1572. On le rebâtit peu après sa ruine, et en 1620, la chapelle elle-même fut reconstruite. Trois professeurs seulement, dont l'un était principal, distribuaient leurs leçons de manière à fournir un cours complet d'Humanités jusques et y compris la rhétorique.

Parmi les principaux de collége on peut citer :

Louis Potier, natif de St-Quentin, le premier qui ait joui de la prébende préceptorale comme principal de collége (1564-1578), Robert Diré, Nicolas Herbin, mort en 1590, Nicolas Triplot, Etienne Rebouté, Claude Emmerez, Guislain Mabille, mort en 1680, André Cambronne, mort en 1710, et Nicolas Desjardins, mort en 1738. Son frère François, qui lui succéda, mourut en 1773 et fut remplacé par Batiste Charlet. Viennent ensuite Lefln, Legros, Tugault, celui-ci en 1820, Mauperin, Héré. Simonin, nommé en 1838, fut le dernier principal. Comme nous le verrons dans un des chapitres suivants, le collége fut, en 1857, transformé en Lycée.

CHAPITRE VII
Siège de Saint-Quentin (1557)

A travers les siècles, nous arrivons aux deux faits les plus importants de notre histoire locale : le *siège* de Saint-Quentin par les Impériaux et la *bataille* du même nom ou de *Saint-Laurent*.

Un ingénieur anglais, envoyé secrètement par le roi d'Espagne, vint explorer, en mai 1557, les fortifications de Saint-Quentin. Au mois de juillet suivant, 55,000 hommes, commandés par Philibert de Savoie, s'avancèrent à grandes journées vers la Picardie, et, le 2 août, Saint-Quentin fut investi. Contre des forces aussi considérables, aucun espoir de salut ne devait rester à notre cité : presque sans soldats, sans munitions, et n'espérant guère d'être secourus à temps par Henri II, nos braves

Saint-Quentinois résolurent cependant d'opposer une vive résistance à l'envahisseur.

La cavalerie ennemie occupa la chaussée de Rouvroy, tandis que divers détachements s'arrêtèrent aux abords des portes Saint Jean, Remicourt et Pontoilles, et que le prince de Piémont plantait sa tente aux environs de Rocourt. En même temps les vieilles bandes espagnoles attaquaient le boulevard extérieur du faubourg d'Isle, dont elles furent bientôt maîtresses.

A la nouvelle de Saint-Quentin menacé, l'armée française, comptant environ 20,000 hommes sous la conduite du duc et connétable Anne de Montmorency, se dirigea vers Saint-Quentin ; mais arrivée à La Fère, on apprit que la ville était investie. On essaya alors de pénétrer dans Saint-Quentin par le chemin de Ham, supposé le moins occupé par l'ennemi. A cet effet, Gaspard de Coligny partit de Ham le 2 août à une heure de la nuit, s'avança avec précaution vers Saint-Quentin et pénétra dans la ville avec 2 ou 300 hommes.

La compagnie Saint-André, qui s'était égarée, ne put y entrer le lendemain qu'en partie et après bien des difficultés.

La présence de l'amiral ranima le courage des habitants de notre cité. Jamais peut-être on ne vit mieux ce que peuvent faire, dans les circonstances suprêmes, l'énergie et la volonté d'un homme supérieur sur une population virile et patriotique. Après avoir réuni les principaux citoyens et magistrats, puis les officiers militaires auxquels il fit connaitre ses résolutions. Coligny s'assura des vivres, des canons, des munitions, enfin de toutes les choses indispensables pour soutenir un siège ; puis, il ordonna les travaux les plus urgents, soit pour la réparation des bastions, soit pour la défense des points faibles. Une première sortie, afin d'occuper les assiégeants, fut tentée au faubourg d'Isle et resta sans résultat.

Elle fut cependant suivie le lendemain, 4 d'une nouvelle sortie ; mais celle-ci fut encore plus malheureuse que la première, car elle coûta la vie au brave capitaine Théligny.

Malgré ces revers partiels, les habitants, sous l'administration de Varlet de Gibercourt, et les soldats rivalisaient de zèle pour repousser l'ennemi; en même temps, deux compagnies, sous les ordres de Caulaincourt et du baron d'Amerval, étaient formées avec les gens du pays les plus habitués aux armes. Avec sa faible garnison, Coligny ne s'illusionnait pas sur la difficulté de soutenir longtemps un siège meurtrier ; aussi avait-il réclamé des secours au connétable. 4,000 hommes, sous la conduite du duc d'Enghien et d'Andelot, frère de Coligny, essayèrent de pénétrer dans la ville ; malheureusement les reîtres (1) dévoilèrent à l'ennemi les projets de l'armée française. Ce détachement fut attaqué au chemin de Savy. Devant une vive fusillade, ce corps fut obligé de se retirer après avoir subi de grandes pertes. Ce même jour

(1) Chevaux-légers anglais et allemands au service de la France.

(8 août) 12,000 anglais vinrent se joindre aux troupes espagnoles et s'établirent au-delà de Rocourt, tandis que les Espagnols plaçaient une batterie de brêche vis-à-vis de la muraille du faubourg d'Isle.

L'amiral fit alors replier ses troupes et, après avoir fait sonder les marais de Gauchy, réclama au connétable de nouveaux renforts. Montmorency s'avança aussitôt vers Essigny-le-Grand et, après une reconnaissance poussée jusqu'aux abords de la Somme, on convint de forcer l'ennemi. A cet effet, le maréchal Saint-André, alors à Ham, reçut l'ordre de rallier l'armée sur la route de La Fère. Ce mouvement en avant amena la *bataille de Saint-Laurent* (10 août) plus connue sous le nom de *bataille de Saint-Quentin*.

L'armée assiégeante se trouvait sur toute la rive droite de la Somme et l'armée française occupait la rive gauche. Ces deux armées étaient ainsi séparées par la Somme et ses marais, et un seul passage, l'étroite chaussée de Rouvroy, établissait une communication entre les deux rives.

Le trop confiant et présomptueux Montmorency, au lieu de s'emparer de ce chemin, ne songea qu'à l'attaque. Il bloqua dans le faubourg d'Isle les enseignes espagnoles, tandis que des hauteurs de l'Abbiette, il envoyait des boulets sur Rocourt, ce qui permit à 450 hommes, sous d'Andelot, de pénétrer dans la ville ; mais le duc de Savoie, ayant reconnu la faute du connétable, chargea le comte d'Egmont, avec 2,000 chevaux, de s'assurer de la chaussée de Rouvroy, et alors toute l'armée ennemie franchit la Somme et sa vallée. Le prince de Condé avertit Montmorency de la marche de l'ennemi et lui conseilla de sonner la retraite. Montmorency se contenta de répondre sèchement : « Qu'il commandait les armées avant que le prince fût au monde et qu'il était trop vieux pour recevoir des avis d'un jeune homme ! » Cette sotte réponse fut punie par une sanglante défaite. Vainement, le duc de Nevers essaya de soutenir le combat et d'arrêter l'ennemi dans la vallée de Grugies ; il se vit obligé de se replier sur le gros de l'armée qui battait en retraite vers Essigny. A la sortie de ce village, l'armée française fut tout à coup entourée de tous les côtés par les escadrons de cavalerie espagnole. En vain, l'infanterie française, disposée en masses profondes, résista-t-elle avec héroïsme aux charges impétueuses de la cavalerie ennemie ; la lutte se continua sans trêve avec un acharnement sans égal. Enfin, l'artillerie du duc de Savoie arriva sur le champ de bataille et, grâce à ce puissant secours, nos phalanges furent écrasées. Le duc d'Enghien, le vicomte de Turenne et la principale noblesse de Picardie périrent dans cette fatale journée. Le connétable, le duc de Montpensier, De Longueville, d'Aubigné, Saint-André et plus de 300 gentilshommes furent faits prisonniers. Seul, le duc de Nevers fit sa retraite sur La Fère.

C'est, dit-on, à la suite de cette grande victoire, et peut-être aussi à cause de la destruction de l'église Saint-Laurent, au faubourg d'Isle, que le roi d'Espagne fit construire, à Madrid, le palais de l'Escurial qui, par sa forme de gril, rappelle le supplice de saint Laurent.

Aussitôt après cette victoire, Philippe II, jusqu'alors à Cambrai, se présenta sous les murs de Saint-Quentin. Il aurait dû, comme on le lui conseillait, marcher immédiatement sur Paris ; mais il voulut avant tout se rendre maître de la ville.

Les braves défenseurs de notre cité comprirent l'importante nécessité d'arrêter un ennemi vainqueur. Aussi, redoublant de zèle, creusèrent-ils des contre-mines, tandis que d'Andelot, afin de protéger la muraille de Remicourt, faisait élever des redoutes, au moyen de vieux bâteaux hors de service. De son côté, l'ennemi imprimait une grande activité aux travaux d'attaque, et, après avoir établi une batterie en l'abbaye de Saint-Quentin en Isle, il ouvrit ; le 24, la plus terrible canonnade contre la ville et ses remparts. Le 26, l'ennemi fit jouer les mines, mais les dégâts ne furent pas ce qu'il en attendait, bien que onze brèches fussent ouvertes depuis la porte Saint-Jean jusqu'à la porte d'Isle. Le lendemain 27, le canon gronda sans interruption depuis la pointe du jour jusque vers deux heures, puis un silence effrayant annonça le signal de l'assaut. Trois colonnes ennemies se présentent aux brèches ; mais leurs efforts viennent se briser contre l'énergie et le sang-froid de nos intrépides

Saint-Quentinois ; les gens de guerre, les habitants, les moines, tous défendent avec acharnement la brèche qui leur a été confiée. Les assaillants, après une lutte sanglante, se voient repoussés.

Cependant l'une des brèches est forcée : Coligny, cerné de tous côtés, est fait prisonnier, et malgré la résistance de Jarnac et de d'Andelot, l'ennemi devenu en peu de temps maître de la ville, la livre au pillage, au meurtre et à l'incendie. Quinze cents habitants, dit-on, furent tués durant le sac de la ville, sans compter ceux qui perdirent la vie pendant le siège. Femmes, vieillards, enfants, rien ne fut épargné.

La place avait résisté dix-sept jours à une armée victorieuse ; mais que de ruines ! la plupart des hôpitaux ou des maisons de charité, les abbayes de Saint-Quentin, des Jacobins, des Cordelières étaient détruites ; plusieurs églises furent incendiées ou démolies ; les reliques des saints brisées ou enlevées ; les tapis de la Collégiale et de l'Hôtel-de-Ville, les joyaux, chapes et vases sacrés furent envoyés en Flandre, en Espagne ou en Angleterre. Enfin, d'après De la Fons, deux cents jeunes garçons furent expatriés en Espagne pour être élevés et instruits dans l'art militaire, puis envoyés par nos ennemis dans les Indes, où ils conquirent une brillante renommée.

Les habitants qui survécurent à la catastrophe, préférèrent abandonner leur ville natale, plutôt que de se soumettre à la domination espagnole. Les chanoines eux-mêmes se retirèrent pour la plupart à Paris, de sorte que la ville resta à l'entière discrétion des Espagnols, jusqu'à ce que le traité de Cateau-Cambrésis en eût rendu la possession au roi de France et à ceux des habitants qui avaient survécu à un si grand malheur.

La belle défense de notre cité a été célébrée par Santeuil, poète latin, sous Louis XIII, et aujourd'hui encore on peut lire sous la façade de l'Hôtel-de-Ville les vers latins suivants, que le corps municipal a fait graver en lettres d'or sur marbre noir :

Bellatrix, I, Roma ! tuos nunc objice muros !
Plus defensa manu, plus nostro hœc tinta cruore
Mœnia laudis habent : Furit hostis et imminet urbi ;
Civis murus erat, satis est sibi civica virtus.
Urbis, memor audacis facti, dat marmore in insto
Pro Patria cœsos æternum vivere cives.

Cesse de nous vanter tes murs et tes batailles,
Rome ; viens admirer ces vivantes murailles,
Ces hardis citoyens qui, dans le Champ-de-Mars,
Servent à leurs cités d'invincibles remparts ;
Où la seule valeur, sans murs pour se défendre,
Sait braver mille morts plutôt que de se rendre.
Leur ville, pour marquer qu'un grand cœur vit toujours,
Lorsque pour la Patrie, il immole ses jours,
Consacre au souvenir d'une action si belle,
Sur ce marbre parlant, une gloire immortelle !

Traduction de M. Fiot, professeur de l'Université.

CHAPITRE VIII

Henri III, Henri IV et ses successeurs

HENRI III. — Ce qui caractérise ces divers règnes, c'est l'attachement exceptionnel de la ville de Saint-Quentin pour la royauté, et cela en haine des Espagnols, des Wallons, de sanglante mémoire, un peu aussi à cause des nouveaux prédicants que les échevins de la ville avaient expulsés dès 1562.

Les crimes qui ensanglantèrent Paris et un grand nombre de villes à la saint Barthélémy, n'eurent point de contre-coup à Saint-Quentin. Les protestants se virent obligés d'abjurer leurs hérésies ou de quitter la ville, mais il ne leur fut fait aucune violence. Saint-Quentin, rendu à la France, demeura sous l'autorité de nos rois; cependant Henri III affecta les revenus et profits de la cité au douaire de Marie Stuart; il en conserva toutefois la propriété.

La mort de cette princesse remit le roi en entière possession de ses droits, malgré les efforts de la ligue. En 1588, Montluc, sieur de Baligny, gouverneur de Cambrai, essaya de détacher Saint-Quentin de son obéissance au roi; mais le gouverneur ne se laissa point ébranler. Après s'être emparé de Bohain et Beaurevoir, Baligny s'avança jusque sous les murs de Saint-Quentin essayant vainement de surprendre la vigilance de ses défenseurs.

Après quelques attaques infructueuses, il prétendit réduire ses habitants par la famine. A cet effet, il fit occuper les chemins qui reliaient notre cité aux villages voisins, tandis que ses gens venaient donner l'alarme aux portes de la ville; mais repoussés continuellement par les habitants, poursuivis, parfois même chassés avec énergie, un grand nombre de ses soldats trouvèrent la mort dans cette vaine tentative. Après trois semaines d'efforts inutiles, Baligny se vit obligé de se retirer.

HENRI IV. — En 1589, les milices du Vermandois, sous le commandement du duc de Longueville, gouverneur de Picardie, se portèrent au secours de Senlis, assiégé par d'Aumale et Baligny du parti des Ligueurs. Les canonniers de Saint-Quentin s'y distinguèrent, et l'une de leurs pièces, ramenée en triomphe, reçut le nom de Chasse-Ligue. A la mort de Henri III, assassiné par Jacques Clément, Saint-Quentin, fidèle à ses antécédents, reconnut Henri IV malgré les pressantes sollicitations des villes environnantes. De nouvelles milices furent accordées en 1590, au duc de Longueville par Louis Dorigny, mayeur.

Le commandement en fut donné à d'Achery, ayant sous ses ordres de Saint-Simon et de Chaulnes, seigneurs du Vermandois. Ces braves citoyens se distinguèrent d'une manière toute particulière à la bataille d'Ivry.

A peu près à la même époque, le duc de Parme menaça Saint-Quentin et campa même sur les hauteurs de Neuville-Saint-Amand. D'Humières, commandant de place, ne craignit pas de l'attaquer, et bientôt la levée du blocus de Paris par Henri IV, en septembre 1590, sauva notre cité d'un nouveau siège.

Pour récompenser Saint-Quentin de son attachement et de son dévouement, Henri IV, non content d'accorder à la ville d'importants privilèges, voulut prouver sa reconnaissance envers ses habitants en venant les visiter. Accompagné de ses plus braves capitaines et d'une foule de gentilshommes, Henri fit son entrée à Saint-Quentin, le 5 décembre 1590.

A l'arrivée du roi, le mayeur le harangua et lui offrit les clés de la ville, mais Henri les refusa en s'écriant : Vive Dieu, mes amis ; gardez vos clés, elles sont en trop bonnes mains ? Servez-moi toujours comme vous l'avez fait pour le feu roi. »

Henri IV, monté sur son cheval de bataille, s'avança dans la rue d'Isle et fut reçu à l'Hôtel-de-Ville au bruit des cloches et salué par une décharge de douze arquebuses à crocs. Descendu à l'hôtel du Griffon (1887, Brillard, libraire), il reçut les diverses autorités, députations et corporations des métiers, puis visita les manufactures, l'artillerie, les fortifications.

Un banquet lui fut offert par le Syndic des corporations. Dans cette réunion, le mayeur, placé à sa droite, voulut goûter les vins et les mets avant de les présenter au roi ; mais celui-ci l'en empêcha en disant : « Je suis avec mes amis, je n'ai rien à appréhender d'eux. »

Un bal offert au roi de France, qui aimait la danse avec passion, termina la soirée, et longtemps après, dit un auteur, on parlait encore de la verve galante de Henri IV.

Dans l'espace de dix années, Henri IV visita cinq fois Saint-Quentin et fit à la ville les concessions les plus avantageuses. Il confirma les droits de justice civile et criminelle, ainsi que les exceptions et privilèges accordés aux habitants ; et par la suite, il fut loin d'oublier une ville qui lui avait donné tant de preuves de fidélité et de dévouement.

Louis XIII. — Son fils, Louis XIII, visita trois fois Saint-Quentin et donna à cette cité de nombreux témoignages de sa bienveillance.

C'est sous ce règne (1636) qu'une peste enleva dans Saint-Quentin plus de trois mille habitants.

Vers 1642, la perte de la bataille d'Honnecourt contre les Espagnols eut pour conséquence le ravage du Vermandois. Les religieuses d'Origny-Sainte-Benoîte se virent obligées de se réfugier à Saint-Quentin pour échapper aux violences de l'ennemi qui bientôt ruina leur abbaye. Peu de temps après, les religieuses de Fervaques, près Fonsommes, furent également forcées de fuir et de venir se fixer à Saint-Quentin.

Louis XIV. — Pendant les guerres de la Fronde, Saint-Quentin resta fidèle à Louis XIV. Au mois de juillet 1645, trois cents habitants, ayant à leur tête leur gouverneur, marchèrent sur un parti ennemi qui exerçait ses ravages aux environs, le défirent et ramenèrent, comme en triomphe, les bestiaux qu'ils avaient enlevés des fermes de Saint-Ladre et de l'Abbiette.

Dans une expédition qui eut lieu l'année suivante, on obtint le même résultat. En 1647, l'ennemi, attaqué près de Marcy par les bourgeois de Saint-Quentin, fut obligé de se retirer avec perte. En l'année 1646, on doit signaler une émeute dans laquelle le sang coula par suite d'un impôt établi arbitrairement sur les bourgeois et connu sous le nom de *taxe des aisés*.

En l'an 1653, les habitants allèrent près d'Origny-Sainte-Benoîte dégager le comte de Grampré qui, avec 450 chevaux, tenait tête à 6,000 hommes. En 1667, le Vermandois fut donné en apanage à Louis de Bourbon, fils naturel de Louis XIV. La mort de ce prince fit rentrer le Vermandois dans le domaine de la couronne. C'est aussi sous Louis XIV que les fortifications de notre cité furent reconstruites d'après le système de Vauban. A partir du règne de Louis XIV, les grands fiefs sont réunis à la couronne ; des administrations régulières et générales remplacent le régime individuel et local. Saint-Quentin, sous le nom de capitale du Vermandois, fait partie de la Picardie ; dès lors, son histoire, confondue avec celle de la France tout entière, ne présente plus aucun intérêt local.

Saint-Quentin reçut la visite de Louis XIV en 1654, 1657, 1670, 1671, 1676, 1677 et 1691, tantôt accompagné de Mazarin, de la reine, de Mademoiselle, du duc d'Orléans, des maréchaux de France, de secrétaires d'Etat, des ducs de Chartres, du Maine, du comte de Toulouse, d'Elbœuf, de Soubise, duc de Chevreuse, Colbert, etc., etc. Ces nombreuses visites s'expliquent par la conquête de la Flandre qui, sous Louis XIV, fut définitivement réunie à la couronne de France. Louis XIV profita de sa présence en notre ville pour visiter les travaux de l'église incendiée en 1669, et à la reconstruction de laquelle il contribua puissamment. (Voir plus loin Collégiale).

Louis XV. — Aucun fait important ne signala le

règne de Louis XV relativement à notre cité. Un procès soutenu par Louis Hordret, sieur de Fléchin, avocat au Parlement, assure les anciennes franchises et confirme les privilèges accordés aux habitants de Saint-Quentin. Cette ville soutient son ancienne splendeur. Toujours ville de guerre, elle compte plus de 10,000 habitants qui se distinguent par leur attachement à la couronne de France et par le commerce important des tissus qui étend au loin la renommée de la cité industrielle.

Louis XVI. — En 1789, les diverses administrations saint-quentinoises étaient composées des éléments suivants :

1° Le gouverneur ou lieutenant du roi ;
2° Les mayeur, échevins et jurés ;
3° Le bailli ayant la justice civile, enlevée au mayeur depuis 1604 ;
4° Le consulat ou tribunal de commerce. Enfin, les trois juridictions fiscales de l'élection, du grenier à sel et des douanes. Depuis 1607, Saint-Quentin était l'une des six élections de la généralité d'Amiens. En 1789, le bailliage de Saint-Quentin fut représenté aux Etats-Généraux par l'abbé Marolles, curé de Saint-Quentin, Félix de Pardieu, pour la noblesse, Fouquier d'Hérouel et le chanoine Duplaquet, pour le Tiers-Etat.

Le 27 décembre 1790, l'abbé Marolles prêtait serment à la Constitution civile du clergé. L'évêque de Soissons et le clergé de St-Quentin refusèrent le serment à la Constitution, et à une troisième élection l'abbé Marolles fut élu évêque constitutionnel. Il fut consacré dans cette dignité par Charles de Talleyrand, évêque d'Autun, celui qui, en juillet 1790, officia au Champ-de-Mars, à la fête de la Fédération.

Lors de la division de la France en départements (1790), notre ville fut déclarée chef-lieu d'arrondissement du département de l'Aisne et fit partie du diocèse de Soissons.

La Révolution française, dit un auteur, respecta notre cité, aucun souvenir tragique ne vint assombrir les glorieuses annales de notre histoire. En mai 1790, la cherté des grains amena quelques troubles, mais il n'y eut aucun désordre sanglant : le tout se borna à des cris bruyants et à des menaces sans gravité.

Ce fut à Saint-Quentin, le 25 juillet 1790, que les gardes nationaux de l'arrondissement se réunirent pour célébrer la fête de la *Fédération*.

Le seul fait à relater de cette époque est la vente des biens du clergé. On sait que, dans la nuit mémorable du 4 août 1789, le rachat de la dîme avait été voté; mais les événements se précipitaient avec une rapidité effrayante.

Le 2 novembre, une loi déclarait les biens du clergé propriétés de la nation, et bientôt la plupart des communes furent autorisées à acquérir les immeubles du clergé.

Les ventes ne se firent pas à Saint-Quentin sans quelques troubles. Des hussards et des cent-gardes y furent même envoyés, mais les habitants les sommèrent d'évacuer.

Pendant plusieurs années, les ventes furent reprises et chaque fois, les adjudications furent interrompues par suite de diverses intrigues, de sorte que ces ventes se continuèrent jusqu'en 1794.

La mise à prix des biens du clergé, calculée sur le pied de vingt-deux fois le fermage, s'éleva à vingt-quatre millions.

RÉPUBLIQUE. — En 1792, des compagnies de la garde nationale de Saint-Quentin prirent part à la glorieuse bataille de Jemmapes.

En 1799, fut installé le premier sous-préfet chargé de l'administration de notre arrondissement. Cette même année, une société de révolutionnaires démolisseurs, surnommée la *Bande noire*, menaça un instant notre belle église, qui fut préservée de la ruine non sans quelques dévastations. Les vitraux furent brisés, les sculptures mutilées et toutes les autres églises paroissiales tombèrent sous les coups de la pioche, à l'exception de l'église Saint-Jacques qui fut convertie en beffroi.

En décembre de la même année, notre collégiale, qui avait été fermée plus de sept ans, fut rendue à l'exercice du culte catholique.

En 1802, les cloches se firent entendre : enfin, en 1803, notre église, érigée de nouveau en paroisse, recevait son organisation légale et définitive.

A cette époque, comme nous le constatons dans

un chapitre ultérieur, Saint-Quentin était nonseulement le centre d'un commerce important de linons et de batistes, mais encore de tissus de mousselines de divers genres. Bientôt après, ces produits furent remplacés par d'autres où le coton était mélangé avec le fil.

En 1803, M. Arpin créait à Roupy la première filature du département de l'Aisne. Dès lors le tissage des étoffes de coton s'établit définitivement dans la contrée.

Le 22 floréal, an XII de la République, la chambre consultative des manufactures, arts et métiers, était organisée à Saint-Quentin.

CHAPITRE IX

Consulat et Empire

Sous le consulat, une ère nouvelle s'ouvrit pour notre cité. Les manufactures de laine firent place à la fabrication des tissus de lin, remplacés aujourd'hui par le coton. Grâce à l'habileté des ouvriers, notre industrie manufacturière put triompher des difficultés que font naître les changements continuels de la mode.

Peu après, Saint-Quentin, jusqu'alors ville de guerre, fut déclassée. C'était en 1810. La Municipalité Saint-Quentinoise, avertie du passage de l'Empereur allant en Belgique, résolut de renouveler la demande d'abandon à la ville des terrains occupés par les fortifications.

Napoléon, parti de Compiègne le 27 avril, fut

reçu à Roupy par les diverses autorités du département, et fit son entrée à Saint-Quentin au milieu des bruyantes acclamations des populations accourues sur son passage. Le lendemain 28, l'empereur signait un décret qui ordonnait la démolition des fortifications, en faisant abandon à la ville de tous les terrains occupés.

A ce sujet, M. Ch. Picard rappelle avec raison que les murailles de la ville furent démolies par des compagnies espagnoles faites prisonnières pendant les glorieuses campagnes de l'empire, et cela, 255 ans après qu'une armée espagnole victorieuse les eût renversées et rougies du sang de la plus grande partie de ses habitants.

A partir de cette époque, une ère nouvelle de prospérité s'ouvrit pour nos concitoyens : Saint-Quentin devint de plus en plus ville industrielle. De nouvelles filatures s'élevèrent, de nouveaux ateliers s'ouvrirent de tous côtés. L'introduction des machines, l'emploi de la vapeur, vinrent simplifier les moyens de fabrication tout en augmentant considérablement la production.

Ce fut à cette même date (avril 1810) qu'eut lieu l'inauguration du canal souterrain de Riqueval qui relie Saint-Quentin au Nord de la France et à la Belgique, par la jonction de l'Escaut à la Somme.

En 1812, M. Arpin, de Roupy, qui, déjà, avait établi une filature de coton, essaya d'implanter dans ce village la fabrication du sucre, et l'année suivante son usine donnait quelques résultats.

Malheureusement, la France était toujours en armes. A la guerre d'Espagne succéda celle de Russie, et l'on sait comment se termina cette désastreuse campagne. Sous les coups de l'Europe entière, Napoléon succomba. Bientôt notre pays fut couvert d'armées ennemies et, comme toutes les villes du Nord, notre cité dut subir l'humiliation d'une occupation étrangère.

Essayons de résumer l'historique de cette époque si malheureuse pour notre contrée et pour la France entière.

Divers décrets s'étaient succédé afin de pouvoir résister à la coalition étrangère, soit en appelant les gardes urbaines, soit en créant une armée de réserve à l'aide des gardes nationales des départements. Mais ces mesures étaient généralement mal accueillies, et dans notre arrondissement, bon nombre de personnes, de position aisée, demandaient des passe-ports et s'expatriaient.

Les gens mariés refusaient de partir ; cependant on est heureux de citer quelques paroles adressées de Saint-Quentin au préfet du département : « Tout le monde comprend ce sacrifice au bien du pays, le contingent sera fourni. »

Le 23 janvier 1814, le préfet adressa un appel énergique à ses administrés. De son côté, la Municipalité saint-quentinoise, afin de remplir les listes d'enrôlement, fit un nouvel appel aux habitants de la ville.

« Habitants de Saint-Quentin, y lit-on, les puis-
« sances coalisées ont formé le gigantesque projet

« de marcher vers la capitale et de se partager la
« France. De tous côtés on vole à la défense des
« pays attaqués.

« Des secours sont accordés à vos femmes et à
« vos enfants ; balancerez-vous pour prendre part
« à la défense commune ? Ne seriez-vous donc pas
« les descendants de vos ancêtres dont le corps
« était un rempart impénétrable aux efforts de
« l'ennemi ? »

Saint-Quentin avait pris l'engagement de fermer ses portes et de se défendre, mais, à chaque mauvaise nouvelle, le parti de la résistance diminuait sensiblement. Cependant, comme une partie seulement des remparts avait été abattue, à l'aide de quelques palissades, les habitants résistèrent énergiquement aux premiers détachements ennemis qui se présentèrent. Plus de 30,000 Russes, avec 80 pièces de canon, avaient pénétré dans le département, passant par Hirson, Vervins, Marle et se dirigeant sur Laon. En même temps, les villes de La Fère, Saint-Quentin et Soissons étaient menacées : la première comme arsenal de guerre, la deuxième comme ville industrielle et commerçante, et la troisième comme étant la clef de la route de Paris. Laon et Soissons, attaqués par des forces considérables, se virent obligés de capituler.

Saint-Quentin, sous la direction de l'ingénieur Perrin, s'était préparé à une attaque ; 4 à 500 soldats, appartenant à divers dépôts du Nord, et un détachement du 29e inspiraient d'ailleurs de la confiance à la garde nationale, en même temps que des munitions arrivaient de La Fère.

Le 13 février 1814, le baron de Guesmar, colonel des Russes, venant de Guise avec sa cavalerie légère, somma la ville de se rendre ; mais il lui fut répondu qu'on n'ouvrirait les portes qu'à une force qui ôterait tout espoir de se défendre et surtout à de l'infanterie.

Le parlementaire se retira, annonçant qu'il reparaîtrait bientôt. Cependant, le 17 février, on n'avait d'autres nouvelles du baron que les proclamations répandues dans les environs de Saint-Quentin, qui engageaient les conscrits à venir se battre pour la cause des Bourbons.

La résistance de notre cité fut constatée dans le *Moniteur* du 20 et commentée avec éloge.

Le baron de Guesmar s'était dirigé sur Chauny où 800 Saxons, venant de Roye et de Noyon, le rejoignirent. Le 26, Chauny faisait sa soumission.

Le 9 mars suivant, notre ville, qui n'avait pas encore été occupée, fut obligée de se rendre.

M. E. Fleury, à qui nous avons emprunté les faits précédents, retrace ainsi la soumission de notre cité.

« Le baron s'était de nouveau présenté devant
« la ville, qu'il somma vivement. La porte d'Isle
« devint, dans la nuit, le théâtre et le but d'un
« coup de main qui ne réussit pas. Chassés à coups
« de fusil par le poste des soldats et des gardes
« nationaux qui défendent cette entrée, les Russes
« se retirèrent à quelque distance ; mais la

« résistance ne pouvait continuer longtemps sans
« exposer la ville à la colère d'un ennemi, dont
« les forces, grossissant sans cesse, triompheraient
« bientôt d'un rempart en mauvais état et d'une
« garnison insuffisante. »

« Saint-Quentin avait d'ailleurs assez fait pour sauvegarder son honneur : la cité commerciale et industrielle s'était mieux conduite que les places de guerre voisines. De plus, sur la route de La Fère on apercevait, à perte de vue, des colonnes de cavalerie, tandis que 4,000 hommes avec de l'artillerie partaient de Jussy.

« Les soldats évacuèrent la place le 11 mars au matin. M. Joly, maire, et M. Bonnal, commandant de la garde nationale, s'abouchèrent avec le baron Guesmar et traitèrent de la capitulation, dont les conditions étaient aussi honorables et aussi satisfaisantes qu'on pouvait le désirer dans les circonstances fâcheuses où l'on se trouvait à l'égard d'un ennemi maître du pays. Il fut convenu que les Russes entreraient à Saint-Quentin à 3 heures de l'après-midi. M. Guesmar s'engageait sur l'honneur, tant en son nom qu'en celui des commandants coalisés, de donner la sûreté complète aux personnes et aux propriétés. Les soldats camperaient sur les boulevards de la place, les officiers seraient logés chez les habitants par les soins du maire. La cohorte de la garde nationale conserverait ses armes, les officiers pourraient porter leur épée, mais les autres citoyens seraient désarmés.

« Dès le 11, la ville était occupée par 800 hommes ;

le lendemain, les troupes annoncées de Jussy entrèrent avec 20 pièces d'artillerie. Leur position régularisée dans Saint-Quentin, les Russes cherchèrent dans le canal les canons que le commandant y avait noyés avant de se retirer. Ils furent tous retrouvés et envoyés à La Fère. »

Un officier du nom de Caire, nommé commandant de Saint-Quentin et du Câtelet, amenait quelques renforts de Paris et arrivait à Vermand par des chemins détournés, lorsqu'il apprit la capitulation de Saint-Quentin. Jusqu'au 16 mars, Caire resta à une petite distance de la ville, entretenant des relations avec le colonel ; mais à cette date, on n'en eut plus aucune nouvelle. Avec lui disparurent les renseignements certains sur Saint-Quentin et les environs.

Le 28 mars 1814, le général Avice, qui opérait dans la Somme, reçut l'ordre de reprendre Saint-Quentin, mais la bataille du 30 mars, sous les murs de Paris, amena la capitulation de cette ville et la soumission de la France.

Le général Ougrimoff, nommé gouverneur de Saint-Quentin, sut se faire estimer des habitants qui lui firent hommage de son portrait avec cette inscription :

La ville de Saint-Quentin, reconnaissante à M. Ougrimoff II; colonel du régiment Yakowtsky, chevalier de plusieurs ordres, commandant de place pendant le séjour des troupes étrangères sur le territoire français.

Ce fut le 7 juin que la garnison étrangère évacua Saint-Quentin.

D'une enquête ordonnée par l'administration dans les départements, il résulte que les pertes de notre département, des communes et des particuliers s'élevaient à plus de 50 millions. Dans ce chiffre énorme, l'arrondissement de Saint-Quentin ne figure que pour un peu plus d'un million, et encore le canton de Ribemont réclame à lui seul 800,000 fr., ce qui s'explique par le passage de l'ennemi dans ce canton placé entre Guise et La Fère.

En 1815, le retour de l'empereur fut accueilli avec joie à Saint-Quentin ; mais ce second règne fut de courte durée.

Après Waterloo, notre cité vit une seconde fois l'ennemi. Du 24 juin 1815 au 15 décembre, notre ville servit de passage à plus de 400,000 Prussiens, Anglais, Hollandais et Belges, dont les seules réquisitions s'élèvent à plus de 6 millions pour l'arrondissement.

Par la convention diplomatique du 30 novembre 1815, le territoire de Saint-Quentin fut affranchi de l'occupation étrangère. Par suite d'un traité signé à Aix-la-Chapelle, le 9 octobre 1818, et après trois années d'occupation, la France fut enfin évacuée.

Cette nouvelle fut accueillie avec joie par notre population.

« On se félicitait, dit M. Charles Picard, on se
« serrait la main... les Prussiens partaient ; on ne

« pensait plus aux malheurs passés, tout était
« oublié ; bientôt la ville reprit son aspect d'autre-
« fois, sa confiance d'autrefois, ses plaisirs d'autre-
« fois ! »

CHAPITRE X
Restauration jusqu'à nos Jours

Louis XVIII. — Nous nous contenterons de relater la plupart des événements politiques ou municipaux qui se sont passés depuis la Restauration jusqu'à nos jours, les résumant d'ailleurs aussi brièvement que possible.

Pendant la Restauration, la Municipalité de Saint-Quentin s'occupa sérieusement des intérêts de la ville, et, après avoir liquidé les charges des invasions, elle poursuivit avec activité la démolition des fortifications, nivela les terrains, traça des boulevards, etc.

D'un autre côté, l'industrie manufacturière prit une nouvelle extension et, en 1828, on ne comptait pas moins de 34 filatures de coton dans le district dont Saint-Quentin est le centre.

Un instant, en 1818, il fut question de refortifier Saint-Quentin ; mais grâce à d'actives démarches et de puissantes influences, le projet présenté fut définitivement abandonné.

Charles X. — Louis XVIII mourut en septembre 1824. Charles X, qui lui succéda, se contenta de modifier l'ancienne administration tout en protégeant les industries du pays. En 1830, à la suite d'une grande révolution politique, le duc d'Orléans, d'abord nommé lieutenant-général du royaume, fut, sous le nom de Louis-Philippe 1er, proclamé roi par la Chambre des députés.

Louis-Philippe 1er. — Cette nouvelle révolution fut généralement acclamée à Saint-Quentin. Malheureusement, à cette époque, le gouvernement se trouva non-seulement en face de bouleversements politiques, mais encore d'une crise commerciale.

A Saint-Quentin, cette crise fut considérable et amena un grand nombre de faillites.

Un prêt de 30 millions fait aux commerçants ne servit que très-imparfaitement à occuper les ouvriers. Pendant le rigoureux hiver de 1830-1831, la charité fut impuissante à soulager la misère de notre contrée, et bientôt on vit des bandes de malheureux mendier de ferme en ferme, de village en village, et partout où ils espéraient trouver un morceau de pain.

Placée sur la route de Paris à Bruxelles, notre ville fut souvent visitée par la famille des Bourbons et par celle d'Orléans. Le duc d'Angoulême y était venu en 1817. Un bal fut offert à Madame la Dauphine en 1826. Charles X lui-même passa à Saint-Quentin en 1827, allant au camp de Saint-Omer. En septembre 1831, le duc d'Orléans visitait les manufactures de notre cité.

En janvier 1833, c'était le roi lui-même accompagné de deux de ses fils, le duc d'Orléans et le duc de Nemours.

En août de la même année, ce fut la reine, le roi et la reine des Belges.

En 1837, la Banque de France établit une succursale à Saint-Quentin. A la même époque, la municipalité dotait la ville d'un abattoir, d'un marché franc et d'une caisse d'épargne, et en 1840, le conseil approuvait les plans et devis d'une nouvelle salle de spectacle dont le coût, y compris l'achat des terrains, s'éleva à la somme de 720.000 francs.

En 1840, le conseil municipal fut saisi d'un rapport sur l'état de l'instruction publique dans notre ville, et de nombreuses améliorations furent apportées dans cette partie si importante et si populaire.

Enfin, nous devons signaler les efforts que la municipalité fit dès 1833, auprès du gouvernement, pour obtenir que le chemin de fer de Paris à Bruxelles passât par Saint-Quentin. Ce ne fut qu'en 1841 qu'il fut permis aux habitants de notre ville de prévoir le moment où un embranchement au chemin de fer du Nord les relierait à Paris. En 1845, la concession de Creil à Saint-Quentin fut accordée à une compagnie représentée par le baron de Rothschild.

La ligne devait être terminée en trois années; mais, par suite des événements politiques de 1848, cette ligne fut retardée, et c'est le 9 Juin 1850 seulement que Louis Napoléon, alors président de la République, en fit l'inauguration. Par un décret du 1er mars 1850, faisant droit aux réclamations de l'administration municipale, Saint-Quentin obtint le siège d'une chambre de commerce dont le ressort comprend tout notre département.

Mais n'anticipons pas sur les événements et retournons de quelques années en arrière.

La récolte de 1846 avait été insuffisante ; un malaise général régnait dans les affaires commerciales et se manifestait par quelques faillites et par une baisse considérable dans le prix des marchandises. Bientôt les manufactures se virent obligées de restreindre leurs travaux ; au contraire les denrées alimentaires devinrent de plus en plus rares, de sorte que l'ouvrier vit à la fois la diminution de son salaire et l'augmentation de ses dépenses. En vain essaya-t-on de conjurer le danger en créant des travaux, en faisant des distributions de secours, en votant des subventions. Le chômage se prolongea et s'étendit dans les campagnes tandis que le crédit se resserrait de plus en plus.

D'un autre côté, s'agitèrent les passions politiques, principalement dans les banquets réformistes, et peu après arrivait le 24 février 1848, c'est-à-dire une nouvelle révolution dont la conséquence fut la déchéance de Louis-Philippe 1er et la proclamation de la République française.

DEUXIÈME RÉPUBLIQUE. — Louis-Philippe lutta en vain, pendant trois jours, contre le mouvement populaire provoqué par les mesures réactionnaires du ministère Guizot ; vaincu par son peuple et détrôné, il se réfugia précipitamment en Angleterre.

Comme dit un historien, la révolution de 1848 avait cela d'étrange : « c'est qu'elle surprit tout le monde. »

A Saint-Quentin, la proclamation de la République amena une certaine agitation populaire et suspendit toutes les affaires commerciales, qui, à un certain moment, devinrent tout à fait nulles. Pour nourrir les ouvriers inoccupés, la municipalité se vit obligée de faire exécuter des travaux de terrassement, et de recourir à un emprunt de 300,000 francs pour subvenir à ces dépenses extraordinaires.

En même temps, une garnison occupa notre ville.

Le 26 avril eut lieu la fête de la Fraternité, le 26 mai, celle de la Concorde. Le 4 mai 1848, le gouvernement provisoire déposait, entre les mains de l'Assemblée constituante, le pouvoir dont la révolution l'avait investi.

Les journées de juin suscitèrent dans notre cité une effervescence inquiétante et bientôt une singulière panique. Les bruits les plus étranges arrivaient d'heure en heure de la capitale. La garde nationale et la garnison s'avancèrent à la rencontre d'insurgés, qui, disait-on, venant de Paris, étaient à quelques lieues.

Heureusement, il n'y avait rien de fondé dans tous ces bruits, et bientôt le calme se rétablit.

Le 20 décembre, Louis-Napoléon, condamné en 1837 à un emprisonnement perpétuel, pour avoir essayé de renverser une seconde fois le gouver-

nement de Louis-Philippe, était élu président de la République. Ce prince avait été incarcéré au château de Ham, mais le 25 mai 1846, il parvint à s'échapper à l'aide d'un déguisement. Elu député de Paris et dans trois départements, en 1848, il refusa d'abord son mandat, craignant, disait-il, que son élection ne suscitât des embarras à la République. Cependant en décembre de la même année, il était nommé président de la République, et au 2 décembre 1852, après avoir fait emprisonner, déporter ou bannir un grand nombre de membres de l'Assemblée constituante ou d'hommes politiques, il rétablissait l'empire, concentrant entre ses mains un pouvoir tout à fait absolu.

Le 9 juin 1850, pendant sa présidence, Louis-Napoléon visita la ville et vint inaugurer la ligne du chemin de fer du Nord.

DEUXIÈME EMPIRE. — Signalons, en 1853, le projet de transformation du collège en Lycée. Cet important établissement, aujourd'hui en pleine prospérité, coûta 700,000 francs, outre l'abandon des terrains. Il fut inauguré le 29 octobre 1857.

De l'année 1852, datent également la création du Musée communal et l'établissement du télégraphe.

En 1855, le chemin de fer belge fut ouvert aux voyageurs ; celui de Tergnier à Laon en 1858, celui de Tergnier à Amiens, quelques années plus tard ; enfin le chemin de fer de Guise en 1875 et celui de Saint-Quentin à Arras en 1881.

Le 2 mars 1856, eut lieu l'inauguration de la

statue de Maurice-Quentin De la Tour, un de nos plus illustres saint-quentinois.

Enfin, en 1857, au moyen de souscriptions volontaires s'élevant à près de 130,000 francs, dont près de 50,000 francs par les ouvriers de notre cité, se créa l'Asile de la Vieillesse, situé route du Cateau, et dirigé avec dévouement par les Petites Sœurs des Pauvres.

CHAPITRE VIII

Commerce et Industrie

Pour compléter l'étude historique qui précède, il nous reste à parler du commerce et de l'industrie qui ont fait de notre cité l'une des villes les plus importantes de la France au point de vue manufacturier et commercial.

I

Remontons aux premiers âges connus du commerce entre les nations. Dans l'origine de l'histoire et dès la plus haute antiquité, nous voyons les Phéniciens, voisins de l'Egypte si fertile en blé, de l'Arabie si renommée par ses parfums, s'adonner tout entiers au commerce. Après avoir exploité les côtes de la Méditerranée, ils côtoyèrent celles de l'Espagne et de la Gaule et pénétrèrent ensuite dans le canal de la Manche. Partout ils apportaient les richesses de l'Asie en échange des pelleteries, de l'étain, du plomb et autres productions du nord de la Gaule. César trouva les magistrats gaulois et les druides couverts d'étoffes précieuses. Pline parle d'un roi de Soissons qui combattait sur un char orné de lames d'argent. Ces étoffes, ce métal étaient probablement apportés par le commerce des Phéniciens.

Ce luxe disparaît pendant plusieurs siècles; sous la première race de nos rois francs, la culture des arts fut confinée dans les monastères. Chaque abbaye avait ses ateliers, ses manufactures d'étoffe; et l'on ne fabriquait guère que les choses les plus nécessaires aux usages ordinaires de la vie.

Mais à l'époque où les hommes recouvrèrent la liberté de leurs personnes, les arts sortirent des cloîtres, et les besoins de la vie augmentèrent bientôt le travail industriel des hommes libres.

De là, les priviléges des foires des XIIe et XIIIe siècles que les rois et les puissants seigneurs accordaient ou vendaient même aux bourgeois et à certains chapitres. Les habitants échangèrent les productions de la terre et de leur industrie contre celles des étrangers. On levait d'ailleurs des droits de tonlieu, de forage, de touage qui enrichissaient les villes, mais qui, en même temps, gênaient le négoce.

La ville de Saint-Quentin fut une des premières de la Picardie à se distinguer par son commerce. Comme capitale du Vermandois et comme demeure des comtes, elle dut rechercher tout ce que l'industrie pouvait produire d'important dans tous les genres. Aussi les arts y firent-ils chaque jour de nouveaux progrès !

Dès le XIIe siècle, Saint-Quentin, qui venait de

s'assurer ses franchises municipales, vit s'établir les corporations. L'exercice des différents arts était alors concentré dans les mains d'un petit nombre de maîtres qui, seuls, pouvaient fabriquer ou vendre les objets destinés au commerce.

Un grand nombre de rues ont longtemps conservé les noms empruntés à ces communautés des métiers. Il y avait la rue des Foulons (Blancs-Bœufs), de la Pelleterie, des Grainetiers, de la Tannerie, des Corroyeurs, de la Poterie, des Juifs, de l'Orfévrerie, des Liniers (Collège), des Glatiniers, des Bouchers, etc.

Les principales corporations étaient les marchands de draps, tisserands, blanchisseurs de toiles, fourreurs, portefaix, theilliers, merciers, lingers mégissiers, mandatiers, taillandiers, chaudronniers, tourneurs, menuisiers, tailleurs, chapeliers.

Le métier comprenait trois classes de personnes : les apprentis, les ouvriers et les maîtres.

La journée de l'ouvrier durait depuis le jour jusqu'au coucher du soleil ; il était défendu de travailler à la lumière.

A la fin du XII° siècle, Saint-Quentin était le centre d'un commerce important. On y fabriquait des draps de laine et de sayette, des étoffes de laine mêlée avec de la soie ou du poil, des camelots et de la serge.

La *Saye* était une espèce de serge en laine ou tissu croisé très-léger, qui servait à faire des robes pour les classes peu aisées ou des chemises à certains ordres religieux.

Les draps légers étaient de qualité ordinaire et servaient à l'habillement des artisans et des ouvriers. On les employait également comme doublure, sous les noms de draps feltins, frizons, droguet de laine.

Le *Camelot* était une étoffe non croisée, de différentes couleurs et largeurs, les unes, en poils de chèvre et en trame, les autres, en laine mélangée de soie et de fil.

Le *Camelot* servait à confectionner des habits d'hommes pour l'été, et des robes de femmes en toutes saisons.

La *Serge* était un tissu de laine croisé fait sur un métier à quatre marches et connue sous différentes dénominations.

Quant à la *Toile*, sa fabrication ne comportait d'abord que des qualités de grosseur ordinaire.

Une foire franche se tenait dans la quinzaine de Pâques et durait 16 jours. En 1319, elle fut remplacée par la foire dite *de Saint-Denis* (9 octobre) qui s'est continuée jusqu'à nos jours. A cette époque, outre deux marchés, Saint-Quentin avait une halle à la viande, une halle aux cuirs, une aux draps, une aux poids et aux laines, une aux poissons, un grenier à sel et un marché-franc.

A l'époque de Charles VII, notre cité était une des plus riches villes du pays, par suite du trafic des marchandises tirées des Pays-Bas.

Le commerce faisait partie de la *Grande Hanse*, de Londres, puissante corporation formée d'un grand nombre de villes qui s'engageaient à fournir des étoffes aux différents comptoirs de Londres.

La prise de Saint-Quentin, en 1557, eut pour conséquence la ruine du commerce local. L'industrie et le commerce disparurent complétement ; les manufactures avaient été détruites et les nombreux tisserands s'étaient dispersés.

« On fit bien encore, dit M. Ch. Picard, quelques
» pièces de Camelot, de droguet, de draps légers,
» mais en petite quantité. Les relations commer-
» ciales se ressentirent longtemps de cette catas-
» trophe et les fabriques de Camelot, de sayetterie,
» de serges ne purent se relever. »

Dans les siècles précédents, le corps municipal avait constitué un corps de courtiers et fixé un droit de marque sur la vente des tissus. Cette institution, qui avait disparu au siége, fut rétablie en 1560.

Les rigueurs de l'Inquisition obligèrent les Flamands à se réfugier en France, et c'est à ces familles originaires de la Belgique que notre contrée doit l'avantage de posséder les fabriques de toiles fines, connues sous le nom de batistes et de linons.

En 1579, Crommelin vint s'établir à St-Quentin, où il créa les fabriques de linons en même temps qu'il introduisit la culture du lin dans le pays.

Le commerce de toiles de mulquinerie occupa une grande partie des habitants de la ville et des villages environnants.

La production annuelle de ce tissu s'éleva à près

de 100,000 pièces, vendues aux principaux États de l'Europe et même à l'Amérique. Cette industrie remplaça celle des draps et de la layetterie, elle s'y soutint avec une renommée qui faisait honneur au goût des habitants et aux soins intelligents des manufacturiers.

Les principaux tissus sont : les batistes, les linons étroits ou larges et rayés, à ramages à dessins, les mousselines brochées et rayées, aussi belles que celles des Indes et à meilleur compte. Ces tissus fabriqués non-seulement à Saint-Quentin, mais encore dans la Thiérache, le Santerre, l'Artois, le Cambrésis, sont tous rapportés au bureau de la marque de l'hôtel et mis en vente chez les marchands de notre ville.

« Les mousselines claires de coton, montées par
» MM. Devillers, Maroteau et Corbeau vers 1750,
» avaient acquis une grande renommée dix ans
» plus tard, en 1760. Plus de 60,000 pièces furent
» fabriquées, et sans une opposition étrange de la
» part des négociants de linons et de batistes,
» St-Quentin aurait eu, 50 ans plus tard, l'honneur
» d'être le berceau, en France, de la production
» des tissus de coton blancs et légers. »

(CH. PICARD).

La fabrication a éprouvé à diverses époques des révolutions remarquables. A son origine, elle consistait surtout en claires unies ou linons à 2/3 de large.

Les toiles plus fortes et plus serrées ou batistes ont, par la suite, occupé les ouvriers de St-Quentin, et à la fin du XVIIIe siècle, elles formaient, à elles seules, la moitié de la fabrication.

Plus tard, Valenciennes et Cambrai s'emparèrent de cette branche d'industrie, qui fut remplacée par le tissage des claires unies 3/4, 7/8 et 4/4 et surtout par les claires brochées. Ces toiles furent recherchées de 1785 à 1792.

Dès 1765, la gaze de fil fut inventée et procura à notre cité une nouvelle source de revenus ; quelques années plus tard, ces gazes en fils à raies, à carreaux et à ramages variés, surpassèrent en beauté celles même de l'Angleterre.

L'époque la plus brillante fut de 1779 à 1789.

Les toiles de lin s'emparèrent de tous les marchés ; les ateliers de Saint-Quentin fournirent successivement des linons unis ou brochés, et Cadix devint le débouché le plus actif des produits de la fabrication.

L'année 1784 fut surtout remarquable. Les colonies privées, pendant la guerre, de toiles blanches en demandèrent dans tous les ports. On évalue la vente des toiles pour cette année à 17,000 pièces, d'une valeur moyenne de 80 fr., ce qui donne un produit de plus de 13 millions. Le commerce se faisait alors par le ministère de 12 courtiers, dont plus tard les bureaux ont été supprimés. La vente avait lieu une partie pour la France et l'autre partie pour les diverses contrées de l'Europe.

En 1789, vingt établissements se partageaient l'Europe ; les uns s'attachaient aux affaires de la

France, d'autres à celles de l'Allemagne, de l'Angleterre et de l'Italie.

A cette époque, la fabrique de Saint-Quentin entretenait 68,000 fileuses et 6,000 ouvriers, produisant par mois 12,000 pièces de 15 aunes en diverses largeurs. Cette main d'œuvre livrait annuellement 14,400 pièces présentant 1,600,000 francs de bénéfices à répartir entre environ vingt maisons de commerce.

Le traité de 1786, entre la France et l'Angleterre et les approches de la révolution expliquent la différence de prospérité des années de 1784 et 1789.

III

A la suite des guerres de l'empire, la vente des linons et des batistes devint tout-à-fait secondaire et en 1825, on fabriquait à peine 10 à 12 mille pièces, dont la vente était faite par une dizaine de maisons ; encore quelques-unes joignaient l'article du coton à celui de la laine.

Après 1812, la fabrique de Saint-Quentin comprend, outre les batistes, les linons et les gazes en fil, une infinité d'articles de coton. On peut citer les percales et calicots, les jaconas, les gazes de coton 3/4 4/4 5/4, les guingamps, les zéphirines, les madras, les cravates, les mouchoirs, les tulles en bandes et en pièces, les broderies de toutes espèces sur tulle, mousselines et linons, le linge ouvré et damassé, les mousselines.

Vers 1812, à la vente des linons, batistes et gazes

réduite à 5 millions, vint s'ajouter la vente des tissus de coton d'une valeur approximative de 15 millions.

En 1825, la fabrique de Saint-Quentin pouvait livrer 1 million de pièces, représentant une valeur de 50 millions, répartis entre plusieurs centaines de maisons.

A partir de cette époque, l'industrie locale comprend : la filature, le tissage, le blanchîment et l'apprêt, tant des toiles de lin que des tissus de coton ; le tissage de la soie en diverses étoffes légères ; enfin la fabrication de tulle ou dentelle de coton.

En 1803, M. Arpin avait établi une filature de coton à Roupy, et peu après, une seconde était créée à Saint-Quentin, par MM. Possel et Joly.

Les machines à vapeur amenèrent une transformation dans l'industrie de notre ville. D'abord, nos manufacturiers s'adressèrent à l'Angleterre où à Paris pour se procurer ces forces motrices ; mais bientôt MM. Casalis et Cordier, élèves de l'école d'arts-et-métiers de Châlons, commencèrent à construire ces machines, et en 1826, ils en avaient déjà livré 40 d'une force variant de 3 à 32 chevaux.

Dès l'année 1810, on comptait à Saint-Quentin 7 filatures occupant 1,500 ouvriers et employant annuellement 230,000 kilos de coton.

En 1825, 34 filatures étaient en activité dans l'arrondissement, dont 25 à Saint-Quentin, mues à bras ou mises en activité par la vapeur.

Ces établissements, occupant 5 à 6 mille ouvriers produisaient journellement 1,500 kilos de coton filé, soit par an le 1/40 du coton importé en France.

Les cotons employés le plus généralement étaient : le Lousiane, Fernambouc, le George long et le coton d'Egypte ou Jumel, ainsi désigné à cause de Jumel, d'origine française, qui introduisit cette culture en Egypte.

A l'époque de la Restauration, la ville s'enrichit de nouvelles branches d'industrie.

Le linge de table damassé, qui se fabriquait en Silésie, fut importé à Saint-Quentin par un concitoyen, M. Henri Pelletier, et à l'exposition de 1823, les nappes et serviettes de fil de coton, aussi remarquables par la finesse de leurs tissus que par la régularité de leurs dessins, étaient récompensées.

La fabrication des tulles de coton fut importée de l'Angleterre en France à cette même époque, et on peut citer les établissements de MM. Malézieux frères et Robert, Quentin Dufour et Girard frères, enfin celui de MM. Cliff de Nottingham. Saint-Quentin fabriquait également les mousselines unies de toutes finesses et surtout les jaconas, tandis que la broderie sur mousseline et sur tulle prenait une grande extension.

Les industriels de Saint-Quentin, ne se sont pas contentés de perfectionner leurs marchandises, ils se sont aussi appliqués à en varier les espèces.

Parmi ces tissus si variés, nous citerons : le *calicot*, dont le nom dérive de calicut, ville de l'Indoustan ; la *percale* ou calicot plus fin, et le *madapolam*, tissu plus fort ; le *bazin*, comprenant divers tissus rayés, unis, cordelés et cablés ; la *mousseline*, étoffe légère et claire, comprenant : les lancées, les brochées, les brodées ; le *jaconas*, d'origine anglaise, tissu de coton fin et léger, mais serré, tenant le milieu entre la mousseline et l'article *piqué*. Le *piqué* se fait avec deux chaînes et s'emploie pour jupons, couvre-pieds, robes d'été et objets de lingerie pour dames, soit en blanc, soit teint ou imprimé. Le prix en est aussi varié que les qualités et les dessins. Enfin la *gaze*, tissu léger, très-clair, fabriqué d'abord avec de la soie et du fil et qui, dans ses nombreuses transformations, a servi à la confection des bonnets, des rideaux grands et petits.

On peut encore citer les percales à jours, à nœuds à fond plein ; les bayadères, les mouchoirs, les fichus, etc.

De 1818 à 1830, nos fabricants multiplièrent leurs genres de tissus à l'infini. Ils firent les mousselines brochées en couleur pour robes ; puis les guingamps furent, pendant une dizaine d'années, le produit le plus important de la fabrication saint-quentinoise.

En même temps, on fabriquait les zéphirines, les brillantés teints, les façonnés à carreaux, à raies ; les plumetis en couleurs, puis des mousselines brochées, désignées sous le nom de rosaces, grands et petits ramages pour stores, rideaux, tissés sur des fonds plus ou moins fins.

Le nansouck, mousseline serrée, plus claire que le jaconas, prit à son tour une grande extension, tandis que la mousseline plumetée, les percales brillantées, les jaconas façonnés occupaient un grand nombre d'ouvriers.

Enfin, on peut citer les jupons en piqués et autres, les croisés, les cretonnes, les satins, les mousselines brochées lainées, les cravates brochées ; les fichus en couleur, les mousselines entre deux, plumetis et autres, les cottelignes, les basins brochés, etc.

Le commerce de Saint-Quentin supporta diverses crises, 1812, 1814, 1825. Celle de 1830 fut désastreuse. Dès 1828, une gêne s'était déclarée ; les événements politiques de 1830 l'aggravèrent, et plusieurs filatures et tissages se virent contraints de suspendre leur travail.

Constatons que la fabrication du sucre, qui s'était implantée depuis quelques années dans notre contrée, prit alors un grand développement. En 1836, on comptait déjà 36 fabriques dans le district de Saint-Quentin.

A cette même époque, la filature et le tissage du coton étaient restés la principale industrie ; cependant les étoffes de laine commencèrent à prendre une place considérable dans l'industrie locale.

De 1838 à 1842, l'article gaze prit un nouvel élan, et les étoffes de laine figurèrent avec succès aux expositions de 1839 et 1844.

En 1842, une ordonnance établissant des droits sur les fils de lin étrangers, permit à la filature de lin à mécanique de tripler en quelques années sa production qui avait presque disparu. En 1847, elle mettait en œuvre plus de 25 millions de kilogrammes de chanvre et de lin teillés.

D'une prospérité médiocre, en 1843, l'industrie de Saint-Quentin s'améliora en 1845 et 1846, mais cette reprise fut arrêtée en 1847, et peu après éclatait la révolution de 1848.

Les années 1849 et 1850 furent assez favorables, tandis que les années 1854 et 1855 laissèrent beaucoup à désirer. L'année 1856 avait bien commencé, lorsqu'un projet de loi proposa de remplacer par des droits, les prohibitions de certains produits étrangers. Nos industriels se préoccupèrent sérieusement de cette réforme qui n'était ni attendue, ni prévue.

Après enquête, le gouvernement ajourna d'abord cette loi, mais, le 23 janvier 1860, un décret leva les prohibitions. Le mouvement des affaires s'arrêta et amena une baisse de 15 à 20 0/0 sur les cotons filés et les tissus.

Le commerce des tulles, le plus atteint, ne se releva qu'en 1862. Au contraire, les fabricants d'étoffes de laine profitèrent du traité conclu avec la Grande-Bretagne. Les produits d'origine anglaise furent admis en France moyennant un droit qui ne pouvait dépasser 30 0/0 de leur valeur.

D'autres traités furent successivement conclus avec les autres puissances, et à peu près avec les mêmes tarifs que ceux de l'Angleterre.

Aujourd'hui Saint-Quentin ne possède pas assez de filatures de coton : celles de laine s'y multiplient, sans cependant que leurs produits suffisent à alimenter les milliers d'ouvriers employés dans la région.

Le commerce de la broderie s'est développé depuis 15 ans d'une manière très remarquable. On fait tous les genres, soit pour rideaux et meubles, soit pour lingerie. Les broderies mécaniques, dites *broderies suisses,* se fabriquent dans un grand nombre d'ateliers.

Les tissus de coton, dits *articles de St-Quentin,* sont également travaillés dans nombre d'établissements situés à Saint-Quentin ou dans les localités de la région.

Un nouvel article d'ameublement, importé d'Angleterre, et désigné sous le nom de *guipures,* prend chaque jour une plus grande importance ; enfin la lingerie, par l'emploi de la machine à coudre, occupe un grand nombre d'ouvrières.

La fabrication des étoffes de laine s'est répandue dans toutes les communes, et c'est en ce moment une grande industrie qui varie ses produits à l'infini. Il suffit d'énumérer les mousselines cachemires, les mérinos, les reps, les popelines et les organdis en laine pure ; les toiles de l'Inde, les taffetas, les gazes barèges anglais, les mozambiques en tissus de coton et laine ; les taffetas de Paris, les linons, grenadines, florentines et bizantines, en tissus de soie et laine ; enfin, les gazes

Maurice-Quentin DELATOUR
PASTELLISTE (1704-1788).

dona, gazes grenadines, gazes de soie, fichus, voilettes en tissus soie pour voiles.

Ces industries en exigent d'autres. On compte : 7 tissages mécaniques, plusieurs grillages, 2 découpages mécaniques, 7 parages de coton, 10 blanchisseries, 11 apprêts et des teintureries de soie, de laine et de cotons filés. Enfin, pour terminer cette revue industrielle et commerciale, constatons que notre cité est le centre d'un grand commerce de sucre, alcools, huiles, vins, farines, denrées coloniales, carrosserie, bois, meubles, chaux, plâtre, briques, coke, etc.

<small>D'après L. Hordret, Ch. Picard et Brayer (Statistique départementale).</small>

CHAPITRE XII
Biographie

Achéry, (Dom. J. Luc d'), né à Saint-Quentin en 1609, mort à Paris en 1685, savant bénédictin de la Congrégation de Saint-Maur. On lui doit entre autres ouvrages : Un vaste recueil de pièces relatives au moyen-âge, chroniques, diplômes, Chartes vie des Saints, etc... (13 volumes).

Alard, sculpteur habile au xvie siècle.

Amerval (d') se distingua en 1557 au siège de Saint-Quentin. Le dernier rejeton de cette ancienne famille est mort en 1860.

Bobœuf François-Michel, écrivain politique et conspirateur, né à Saint-Quentin en 1764.

D'abord géomètre et commissaire à Roye, il publia le cadastre perpétuel, puis des articles violents dans le *Correspondant picard*. Devenu administrateur du département de la Somme, puis secrétaire de l'administration des subsistances, il fut accusé du crime de faux ; sa condamnation fut anéantie par le tribunal de l'Aisne. A la chute de Robespierre, il créa le *Tribun du Peuple,* dans lequel il attaqua avec violence le Directoire et les Conseils. A la tête du club des Egaux, il forma, en 1796, une vaste conspiration pour la Constitution de 1793 ; mais dénoncé, il fut condamné à mort le 26 mai 1797. En entendant son arrêt de mort, il se poignarda et, le lendemain il fut porté mourant sur l'échafaud.

Bendier Claude, docteur de Sorbonne, curé de Saint-André, est auteur d'une vie de Saint-Quentin et d'une défense des principales prérogatives de sa ville natale. (1771-1810).

Bénézet Antoine, philanthrope américain, né à Saint-Quentin en 1713, fut chassé de la France par suite de la révocation de l'Edit de Nantes. Il se fixa à Philadelphie, fut l'un des plus ardents défenseurs de la cause des nègres et adopta la doctrine des Quakers.

Il publia : *Relation historique de la Guinée. Tableau de l'état misérable des nègres esclaves.* Il mourut en 1784.

Bléville, célèbre peintre sur verre au XVIe siècle, époque où les bons peintres étaient rares.

Bovelles (Ch. de), chanoine, fut à la fois poète, mathématicien, philosophe ; il a laissé de nombreux ouvrages écrits tous en latin ; il mourut en 1555.

Charlevoix (Xavier de), jésuite, né à Saint-Quentin en 1682, mort à la Flèche en 1761, fit comme missionnaire plusieurs voyages, ce qui lui a permis de publier d'importants ouvrages : *Histoire du Japon, du Paraguay. de la nouvelle France, de Saint-Domingue.*

Cottin Henri, premier négociant anobli pour ses travaux utiles en 1772.

Cottin Jean, directeur de la Compagnie des Indes au dernier siècle.

Couturier Nicolas, chanoine, fut prédicateur du roi et obtint de brillants succès dans les chaires de la capitale (1712-1778).

Crommelin, créateur de fabrique de linons en 1579, introduisit la culture du lin dans notre contrée.

Colliette Louis-Paul, chanoine de Saint-Quentin, curé de Gricourt, auteur des Mémoires du Vermandois.

Chatelain René-Théophile, journaliste, rédacteur du *Courrier Français,* né en 1790, mort à Paris en 1838.

Delatour Maurice-Quentin, peintre célèbre de portraits au pastel, né à Saint-Quentin en 1704, mort en 1788.

Il fut reçu à l'Académie en 1746. Madame de Pompadour et tous les seigneurs de la cour voulurent être peints par lui. Il créa une école de peinture à Saint-Quentin, fonda un prix de 500 francs pour le meilleur tableau de perspective, enfin, donna 30,000 francs aux hôpitaux.

Nommé peintre du roi en 1750, il refusa le cordon de l'ordre de Saint-Michel que Louis XV lui offrait, et qui emportait avec lui des titres de noblesse. « Je ne connais, disait-il, que la noblesse des sentiments, et de prééminence, que celle des talents ; telle est ma devise et c'est avec mes crayons que je signe mes parchemins. »

La ville de Saint-Quentin reconnaissante lui a élevé une statue sur l'une de ses places publiques, le 4 mai 1856. En même temps, un Musée a été créé pour réunir toutes les belles productions de notre grand artiste.

Davin Félix, jeune littérateur plein d'avenir, fonda, en 1832, le journal le *Guetteur* dont il abandonna, en 1834, la direction à Calixte Souplet.

Il mourut à Paris en 1836.

Desains Paul, né à Saint-Quentin, le 12 juillet 1817, mort le 3 mai 1885, professeur à la Sorbonne dès 1853, fondateur-directeur du laboratoire d'enseignement des sciences physiques à la Sorbonne en 1869, membre de l'Académie des sciences en 1873, membre du Conseil académique et du Comité des Sociétés savantes, officier de la Légion d'honneur.

Paul Desains a laissé un grand nombre de mémoires sur ses recherches de physique, notamment sur la chaleur, l'optique et l'électricité, et un traité très important de physique qui, commencé en 1854, ne fut terminé qu'en 1862.

Par ses travaux, par l'éclat de son enseignement,

il a acquis une renommée justement méritée parmi les maîtres de la science.

Dorigny, peintre et graveur, né en 1617, mort en 1668. Il a suivi le genre de Vouet, son beau-père, mais sans l'égaler ; a surtout gravé à l'eau forte.

Dudon, chanoine de Saint-Quentin au XIe siècle, fut envoyé par Albert Ier à Richard Ier, duc de Normandie, afin de réconcilier ce prince avec Hugues Capet. Auteur d'une Histoire des ducs de Normandie, mourut en 1026.

Desjardins Nicolas, principal du collége de Saint-Quentin, traducteur de Cicéron.

Desjardins François, son frère, également principal du collége, auteur de poésies latines.

Decroix Charles, archéologue et historien.

Emmerez Claude, docteur en théologie, principal du collége de 1614 à 1632, mort en 1650, auteur de plusieurs ouvrages d'histoire et d'érudition. Ses annales latines saint-quentinoises renferment des documents précieux pour l'histoire locale.

Ferrand chanoine de St-Quentin, fut chancelier de France en 1334.

De la Fons Claude, avocat, laissa des annotations remarquables sur la Coutume, et une histoire de Saint-Quentin, patron du Vermandois. Il mourut en 1638.

De la Fons Quentin, auteur d'un manuscrit sur l'histoire de la ville et de l'église de Saint-Quentin.

Grandin, professeur de théologie pendant 50 ans à la Sorbonne, né en 1604, mort en 1691.

Saint-Gilbert, évêque de Meaux, né au Xe siècle.

Pourvu fort jeune du canonicat de Saint-Quentin, sa ville natale, puis archidiacre de Meaux, il succéda en 995 à l'évêque de cette ville.

Gilles de Roye, né à Saint-Quentin, le 31 octobre 1415, auteur de l'abrégé de la Chronique de Brandon.

Guiencourt (JEAN DE), docteur de la Sorbonne et confesseur de Henri II. Il fit de grandes libéralités au couvent des Jacobins de Saint-Quentin dont il faisait partie.

Hans JEAN, célèbre prédicateur à Paris, mort en 1561.

Hennuyer de la Mothe, un des meilleurs officiers sous Louis XIII.

Hennuyer JEAN, aumônier de Henri II, de Diane de Poitiers, de Catherine de Médicis, évêque de Lisieux en 1578. Ardent adversaire des calvinistes, il fit une vive opposition à l'édit de 1562. On lui attribue néanmoins une conduite généreuse à la Saint-Barthélemy.

Hordret LOUIS, jurisconsulte et historien. On lui doit les recherches sur les prérogatives et franchises de la ville de Saint-Quentin.

Heuzet JEAN, professeur à l'Université, mort en 1728.

Jean de Saint-Quentin, abbé, et plus tard général de l'ordre de Prémontré, mourut en 1355.

Jumentier, maître de chapelle et compositeur de musique sacrée, de 1776 à 1823.

Jean Bourgeois de Saint-Quentin, architecte d'une partie de la Collégiale.

Lenglet, premier médecin de Charles VII.

Lescot, évêque de Chartres, confesseur de Richelieu en 1656.

Le Sérurier (Louis-Henry-Félix), né à Saint-Quentin le 28 juin 1799, mort à Paris le 6 février 1880, conseiller honoraire à la Cour de cassation, commandeur de la Légion d'honneur ; a légué à la ville de Saint-Quentin sa bibliothèque, ses manuscrits, ses collections de tableaux, d'objets d'art et de curiosité, etc.

Le Sérurier (Pierre-Louis-Josias), né à Saint-Quentin le 1er novembre 1797, mort à Paris le 20 novembre 1883, ancien chef de bureau au ministère des finances, officier de la Légion d'honneur, frère aîné du précédent, a légué également ses collections d'objets d'arts et de curiosité, consistant principalement en miniatures, émaux, pierres gravées, mosaïques, ivoires, écailles, bois sculptés, bronzes d'art, porcelaines de Sèvres, de Chine, du Japon, terres cuites, faïences, médailles, etc.

Entre autres collections, il faut citer celle des miniatures, qui est unique, et celle très remarquable des ivoires.

Martin Henri, né le 20 février 1810, mort à Passy-Paris le 24 décembre 1883, auteur d'une histoire de France considérée comme un monument national. « C'est, dit un écrivain, une des œuvres les plus consciencieuses de l'érudition humaine. Sous une forme austère, elle réunit les plus brillantes qualités littéraires. Henri

Martin est un historien patriote assez passionné pour être éloquent, assez lettré pour revêtir sa pensée de cette couleur sobre et solide qui fait un style précis et ferme. »

Il était membre de l'Académie française, maire de Passy-Paris, sénateur de l'Aisne, président du Conseil général de notre département, enfin président de la Ligue des Patriotes.

Sa statue vient d'être érigée, le 31 juillet 1887, sur la place du Lycée qui aujourd'hui porte son nom.

Papillon, graveur sur bois, inventeur des papiers de tenture (1764). C'est à lui qu'il appartient d'avoir fait revivre la gravure sur bois par laquelle il acquit de la célébrité.

Paulet, général de brigade en 1805. Il a laissé une mémoire honorée, et sa famille possède un témoignage de reconnaissance du pape Pie VII.

Talon Omer, né vers 1595, avocat général au Parlement de Paris, mourut en 1652. Il a montré du dévouement au roi et aux lois, de la prudence et un noble caractère pendant la Fronde ; a laissé des mémoires estimés.

D'Y Nicolas, docteur de l'Université de Paris, chancelier et vicaire général du diocèse d'Amiens.

Ce fut Jean d'Y de la même famille qui, mayeur de Saint-Quentin en 1594, présenta les clefs de la ville à Henri IV.

Jacques le Vasseur, né à Saint-Quentin, doyen de Noyon en 1616, écrivit les annales de cette ville où il mourut en 1638.

Henri MARTIN, Historien
(1810-1883).

CHAPITRE XIII

Administration de la Cité

Châtelains. — Mayeurs. — Echevins

Sous les deux premières races de nos rois, la ville était gouvernée par des *comtes*, officiers que le roi chargeait des soins particuliers à donner aux affaires de la guerre et de la justice. Par la suite, les comtes s'étant faits seigneurs, déléguèrent une partie de leurs charges à un *châtelain* qui eut la garde du château-fort comme capitaine, tout en exerçant les fonctions de haut justicier.

A la réunion du comté à la couronne, cette dignité continua de subsister pendant quelque temps; mais plus tard les rois, ayant pleine confiance dans les mayeurs, échevins et jurés, laissèrent à ces magistrats la garde de la ville, et dès lors le châtelain devint le délégué de ces dignitaires.

De même les comtes se déchargèrent du droit de justice sur le *vicomte*, officier appelé à remplacer le comte, sur le châtelain, le mayeur, les échevins et les jurés qu'ils établirent particulièrement dans ce but.

Les mayeurs et jurés connaissaient des causes civiles entre les habitants, puis des crimes, délits et autres cas de police commis dans la ville et la banlieue.

Les affaires concernant la justice foncière, les vests et devests, les nantissements, baux, redevances, rentes, donations et autres dispositions particulières, relevaient des échevins. Enfin avec le vicomte et le châtelain, les amendes, confiscations, jugements des crimes, et les punitions réservées par la charte, rentraient aussi dans leurs attributions judiciaires. Plus tard, le *prévot* royal les remplaça dans la connaissance des affaires judiciaires, et le bailli du Vermandois, de son côté, venait tenir ses assises à Saint-Quentin.

A l'époque de Charlemagne, l'*échevinage* était une juridiction royale. Sous les comtes, cette juridiction fut exercée séparément de celle des mayeurs et jurés.

Néanmoins, les échevins, bourgeois de la ville, concouraient à la conservation des droits et des libertés de la cité.

Quoique officiers royaux, ils étaient élus par le mayeur et les jurés. Leur juridiction était distincte mais le mayeur devait présider leurs séances et lui seul proclamait les jugements rendus.

Aux échevins, appartenaient le règlement des poids, des tonneaux pour la bière, et celui concernant la qualité et le prix du pain.

II

Le Corps-de-Ville était composé du mayeur, de 12 jurés et de 18 échevins. Il y avait en outre 1 *procureur fiscal*, 1 *greffier*, 12 *sergents, dont 4 à verges, à longues robes et 8 à masses en habits courts.*

Le mayeur remplissait la première charge de la ville ; il avait autorité sur tous les habitants et sa juridiction s'étendait à la banlieue. En l'absence du gouverneur, il donnait le mot du guet pour la garde de la ville et avait le commandement des troupes. Les clefs de la ville étaient entre les mains du corps de ville.

La ville était divisée en 16 quartiers et, à la tête de chacun d'eux, se trouvait un bourgeois ayant le titre de mayeur d'enseignes. Les mayeurs devaient soigner particulièrement le détroit commis à leur charge, c'est-à-dire veiller aux puits publics, à la police du quartier, visiter les fours, les cheminées, etc. Afin d'assurer la pratique de ses droits judiciaires, le corps de ville avait sous ses ordres :

Un *lieutenant* dont la fonction était de protéger l'exercice de la justice; un *procureur* de la ville chargé de défendre tous les intérêts de la commune ; un *greffier* qui étudiait les causes en litige et citait les témoins. Huit *sergents à masses* signifiaient tous les commandements du mayeur, des échevins et des jurés; un *geôlier* avait la garde de la prison ; 16 *mayeurs d'enseignes* et 48 *prud'hommes* veillaient à la conservation et au bon état des propriétés de la ville ; un *commissaire bourgeois* délivrait le droit de bourgeoisie ; enfin un *chevalier du guet*, des *guetteurs*, des *commis d'artillerie* et des *gens de guerre* complétaient cet ensemble de fonctionnaires secondant le corps de ville. A cette énumération, nous ajouterons le *capitaine de nuit*, le *greffier de la chambre*, l'*argentier*, le *maître des ouvrages*, le *commis aux forfaits* et les *4 sergents à verges* qui devaient alternativement se relever et accompagner le mayeur pour faire exécuter ses ordres.

III

A côté et en outre des officiers de la justice criminelle et civile, il y avait à Saint-Quentin les *officiers du domaine du roi.*

Un *receveur d'impôts* rendait compte chaque année de sa gestion aux maîtres des comptes de Paris. Il percevait les rentes pour champs, maisons, droits de foires, rentes, etc.

Les principaux droits étaient le *sterlage,* consistant en quelques mesures prises sur toutes les ventes de graines ; les avoines de bernage et autres rentes, dues par certains villages, églises, abbayes et censes ; le grand vinage ; les droits sur les bois, sur les aulx et oignons, sur les poissons, sur les laines ; le droit d'étalage, les droits de passage des moutons, porcs, etc.

La plupart de ces droits étaient recueillis à menue-main et en détail ; parfois, ces droits étaient affermés pour 3 ans. L'adjudicataire payait alors par quarts. Cet affermage a souvent amené des abus et des exactions de la part des fermiers qui essayaient de faire rentrer le plus d'argent possible.

GRÉNETIER

Un impôt spécial, et qui datait de Philippe-le-Long, est l'impôt du sel, connu sous le nom de *Gabelle.* Philippe de Valois l'augmenta, puis

Charles VI et Charles VII. Enfin Louis XI l'éleva à 12 deniers.

Philippe de Valois institua les greniers à sel où les marchands et le peuple furent obligés de venir se fournir. Par la suite, chaque ville fut contrainte de prendre annuellement une quantité déterminée. 236 villages, bourgs, censes s'approvisionnaient à Saint-Quentin. Un seul *grénetier*, assisté d'un contrôleur et de 31 officiers, suffisait pour gérer cet emploi.

Prévôt

Le *Prévôt* était chargé par les comtes de recevoir les revenus de leur domaine, les cens, rentes, amendes, confiscations et autres droits seigneuriaux.

Dans l'origine on le nomma prévôt du comte, plus tard il prit le nom de prévôt royal.

Sénéchal

Ce nom fut donné primitivement au valet chargé de placer les plats sur la table du roi. Plus tard, ce fut un titre porté par l'officier qui, dans un ressort appelé *sénéchaussée*, était chef de la justice, et même chef de la noblesse, lorsque celle-ci était convoquée pour l'arrière-ban.

Juré

C'était un commissaire, établi par Saint-Louis, chargé de veiller à l'exécution des statuts spéciaux à chaque corps de métier. Les *jurés* étaient élus tous les ans à la pluralité des voix. Durant leur jurande, ils présidaient les assemblées des corporations, faisaient observer le règlement, admettaient les apprentis et recevaient les maîtres. Ces jurandes furent supprimées d'abord par Turgot sous Louis XVI et définitivement en 1791.

BAILLI

La dignité de *bailli* était portée par un officier royal d'épée au nom duquel la justice était rendue. Le bailli connaissait des appellations du prévôt, des causes des nobles et des communautés. Des sièges du bailli furent par la suite établis dans les villes où il n'y avait que des prévôts royaux, et des lieutenants du bailli résidèrent dans ces villes.

Le Vermandois fut l'un des quatre grands *bailliages* de la couronne. Dans les derniers temps de la monarchie absolue, les *bailliages* ainsi que les sénéchaussées qui n'en différaient que par le nom, ne marquèrent plus guère que les divisions administratives du royaume.

CHAPITRE XIV

Saint-Quentin moderne

Saint-Quentin sur le 49° 50' 55" de latitude nord, et sur le 0° 57' 13" de longitude est, se trouve à 46 kilomètres nord-ouest de Laon, chef-lieu du département, à 104 mètres d'élévation au-dessus du niveau de la mer. C'est une belle et ancienne ville sur la Somme, desservie par le canal de Saint-Quentin et de Picardie, par le chemin de fer de Paris à Erquelines, celui de Saint-Quentin à

Guise et celui de Saint-Quentin à Arras. La population s'élève à environ 47,000 habitants. Située sur une colline au bas de laquelle coule la Somme, cette ville est entourée au nord est par une belle promenade de 1 kilomètre de long, plantée d'arbres en allées droites, et offrant des pelouses toujours vertes. C'est une des cinq sous-préfectures du département. Elle a une chambre de commerce et d'agriculture, un comice agricole, un musée, une bibliothèque qui compte plus de 20,000 volumes. Elle possède une société industrielle, une société académique, une société d'horticulture, une société chorale, plusieurs sociétés musicales, plusieurs sociétés de tir. Elle est le siége d'un archiprêtré, d'un consistoire protestant et d'une synagogue.

L'instruction publique y est représentée par un Lycée, de nombreuses écoles publiques, des pensions et des asiles.

Une succursale de la Banque de France, de la Société générale et du Crédit lyonnais, plusieurs banques de commerce facilitent les relations commerciales. On y voit un beau Théâtre, un Cirque spacieux, un très-vaste et très-riche Hôtel-Dieu, de nombreux Béguinages, un Mont-de-Piété, une Maison d'Arrêt, plusieurs Cercles, une Bourse de commerce comprenant une Agence aux grains, un Marché au Sucre. Enfin diverses Sociétés de bienfaisance, l'Asile des Petites-Sœurs, la Société alimentaire et les Cités ouvrières complètent les établissements de charité et concourent à faire de Saint-Quentin une ville très-importante.

L'industrie manufacturière y est très développée. On compte de nombreuses blanchisseries de tissus et de tulles des plus renommées ; des apprêts, des filatures de coton et de laine, des fabriques de tulles, de broderies, etc. Ses produits, sous le nom d'articles de Saint-Quentin, sont l'objet d'un commerce considérable.

On y voit également des teintureries, des amidonneries, des fabriques d'huiles, des brasseries, distilleries, fonderies de métaux, ateliers de constructions, chaudronneries, scieries mécaniques, briqueteries, fabriques de chaux, de plâtre, de chaux hydraulique, nombreux entrepôts de houille, de bois, d'engrais.

Le commerce des grains, des sucres, des alcools, des vins, celui des chevaux et des bestiaux, etc., y est très-important.

Le bassin du canal, formant le port, a 500 mètres de longueur sur environ 50 mètres de largeur, ce qui permet à un grand nombre de bateaux de charger et de décharger une énorme quantité de marchandises.

Les rues de Saint-Quentin sont ordinairement larges et propres ; au centre de la ville se trouve une belle et vaste place ayant la forme d'un carré aux angles duquel aboutissent les grandes rues qui donnent accès à la ville.

Plusieurs boulevards, larges et plantés d'arbres,

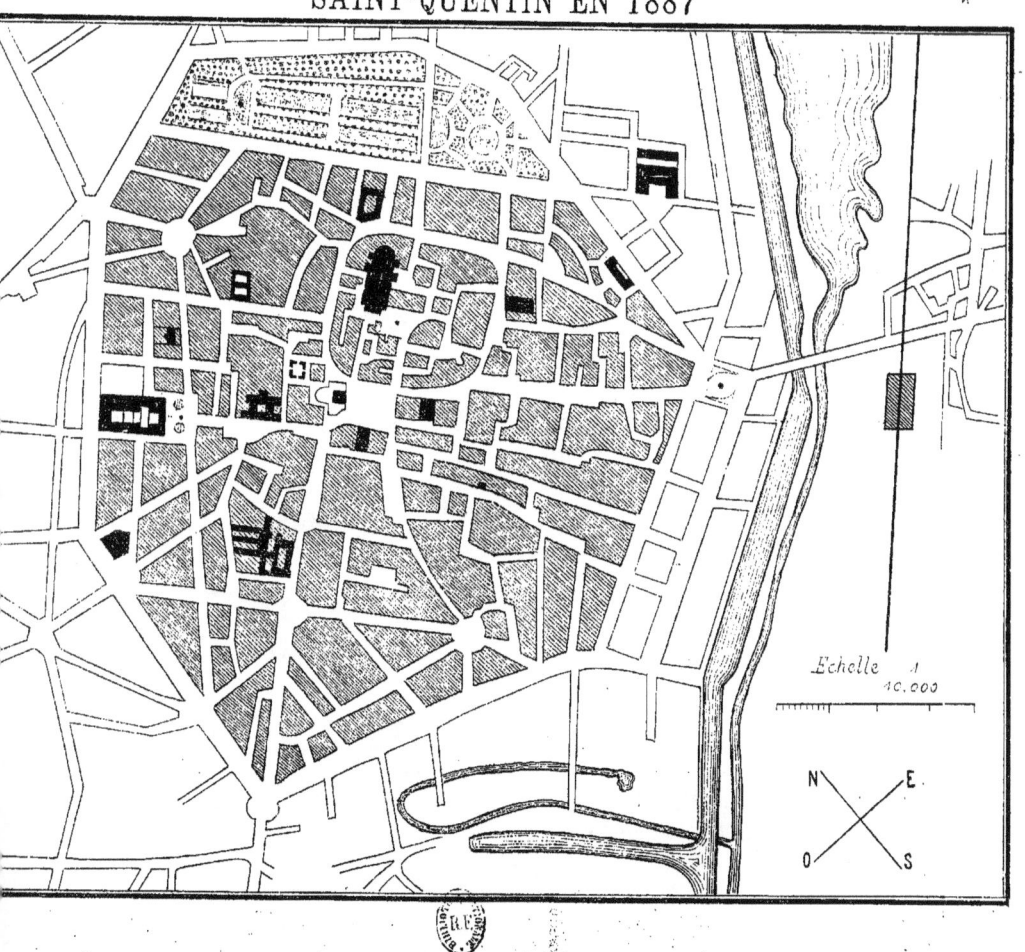

entourent et limitent pour ainsi dire la ville en la séparant de trois faubourgs importants.

Le faubourg Saint-Jean, au nord, est essentiellement agricole ; le faubourg d'Isle, au sud-ouest, tout industriel, est très fréquenté à cause de la gare du chemin de fer ; enfin, le faubourg Saint-Martin est agricole et industriel, mais un peu délaissé par le commerce. A 1 kilomètre de ce faubourg, se trouve Rocourt, dont l'importante distillerie est connue de l'Europe, et un peu plus loin, vers le sud-ouest, la banlieue de Oëstres dont la population se livre à l'agriculture ou aux industries locales.

Une nouvelle avenue, traversant les promenades dites *Champs-Élysées*, tracée il y a quelques années dans la plaine de Bellevue, a été le point de départ d'un quartier, désigné sous le nom de Remicourt, dont l'importance augmente tous les jours. Tandis que des rues nouvelles sont projetées dans diverses directions et sillonnent la plaine, un vaste béguinage, de nombreuses habitations ou d'agréables maisons de campagne s'élèvent de jour en jour et viennent contribuer à l'extension de cette partie de la ville.

Autour de la ville, quelques habitations isolées portent les noms de Mont-Plaisir, Saint Prix, Cepy, La Viole, Saint-Claude, le petit Gossart, etc.

Les principaux édifices ou grands établissements sont : la Collégiale, l'Hôtel-de-Ville, la salle de Spectacle, le Beffroi (ancienne église St-Jacques), l'abbaye de Fervaques, l'Hôtel-Dieu, le Lycée, la Sous-Préfecture, l'hôtel Lécuyer, etc.

Courte description des Monuments
COLLÉGIALE

On désigne sous ce nom une église qui, sans être le siège d'un évêché, a possédé néanmoins un *chapitre* de chanoines réguliers. Le chapitre de Saint-Quentin qui a duré jusqu'à la révolution, comptait 5 dignitaires : le *doyen*, le *trésorier*, le *chancelier*, le *chantre* et le *prévôt*. En dernier lieu, il y avait 44 chanoines et les revenus de l'église s'élevaient à 300,000 livres.

La Collégiale de Saint-Quentin mesure 133 mètres de longueur, 42 mètres de largeur dans la nef et une hauteur de voûte de 40 mètres,

Elle fut commencée vers 1114, sous le règne de Louis VI. Au XIIIe siècle, les plans ayant été modifiés, la façade fut abandonnée pour n'être achevée qu'en 1681. Le chœur fut construit sous la direction de Maître Jean, bourgeois de Saint-Quentin. En 1257, on en fit la dédicace en présence de saint Louis, de ses fils, de six évêques et de l'archevêque de Reims. Les chapelles du chœur datent du XIVe siècle ainsi que la nef dont le plan fut modifié par Pierre Chardin, qui mourut en 1369. Enfin, la façade termina ou plutôt coupa la nef comme l'indiquent les pierres d'attente que l'on remarque au dehors de chaque côté.

Le double transept qui lui donne la forme d'une croix archiépiscopale, offre une particularité rare.

L'église fut bâtie en partie avec le produit des quêtes faites dans les Pays-Bas, où les reliques de saint Quentin furent promenées de ville en ville, par les libéralités de plusieurs rois de France, notamment saint Louis et Louis XI ; enfin à l'aide des donations des habitants et du chapitre. La façade dépourvue de tours est massive ; elle offre néanmoins un aspect imposant. Le porche latéral (côté Est), fut, dit-on, construit aux frais de Louis XI.

Vingt-trois chapelles occupent le pourtour de la collégiale. Parmi les chapelles latérales ajoutées aux XIV et XV° siècles, nous signalerons à droite la chapelle des fonds baptismaux qui renferme un magnifique retable en pierre ; à gauche, la chapelle Saint-Thomas, où deux statuettes représentent Jésus-Christ, démontrant à l'apôtre la réalité de son apparition, et la chapelle Saint-Michel contenant une statuette de Saint-Michel au XV° siècle et un carrelage du XIII° siècle

D'après M. Bénard, architecte et maître actuel des ouvrages de la collégiale, les cinq chapelles absidales qui entourent le sanctuaire, doivent être considérées comme des chefs-d'œuvre que ne possèdent même pas nos plus belles cathédrales gothiques, Reims et Amiens, par exemple.

On y remarque surtout les colonnes monocylindriques, qui supportent des piliers verticaux s'élevant jusqu'à la naissance des arceaux et qui semblent rappeler le style mauresque. Sur les murs du pourtour du chœur se voit le martyre de saint Quentin. La révolution avait détruit ces sculptures, ainsi qu'un grand nombre d'autres objets précieux. Elles viennent d'être rétablies et sont remarquables par la composition des nombreuses scènes rappelant les souffrances et la mort de l'apôtre. La clôture du chœur qui commence au premier transept a conservé quelques parties du XIVe siècle (1316) restaurées en 1868. Ses deux portes sont garnies de leurs anciennes grilles gothiques. Dans la clôture à gauche, est érigé le *cénotaphe* avec statue du curé Tavernier, mort en 1865.

La crypte ou chapelle au-dessous du chœur renferme les tombeaux de saint Quentin, saint Victorice et saint Cassien, dont les reliques sont en grande vénération. Cette crypte, dans laquelle on descend par deux escaliers placés de chaque côté du chœur, a été reconstruite en partie vers le XIIIe siècle sur l'emplacement d'une plus ancienne bâtie au IXe siècle. Les trois caveaux de l'ancienne subsistent seuls. On remarque dans le bas du caveau central, qui renferme le tombeau de saint Quentin, deux pierres de la plus haute antiquité enclavées dans les parois. Le sarcophage, copie de celui d'Honorius à Ravenne, a été taillé dans une énorme colonne de marbre.

Les reliques de saint Cassien, évêque d'Autun, furent apportées sous l'abbé Hugues, et celles de saint Victorice, compagnon de saint Quentin, furent données par Otger, évêque d'Amiens, vers 893.

L'église est éclairée par 110 croisées, dont un certain nombre mesurent 13 mètres de hauteur.

Les vitraux anciens étaient splendides; il en

reste quelques beaux spécimens qui datent du XIVe siècle.

Le buffet d'orgues, chef-d'œuvre de sculpture sur bois, date du règne de Louis XIV.

Un incendie considérable se déclara en 1669 et détruisit le clocher qui depuis n'a jamais été rebâti.

On mit 12 ans à réparer les désastres de cet incendie. Dernièrement des fouilles dirigées par M. Bénard, dans le chœur de la collégiale, ont amené, entre autres découvertes intéressantes au point de vue archéologique, celle d'une mosaïque qui paraît être l'ancien dallage de l'église élevée par saint Eloi à la gloire de saint Quentin.

Divers vitraux modernes très remarquables remplacent quelques-uns des anciens, en même temps que les chapelles absidales et le petit transept viennent de recevoir une riche restauration de peintures murales.

Enfin signalons l'édicule reliquaire et le maître autel, édifiés en 1877.

D'après une description remarquable de M. Gustave Demoulin, ce reliquaire a été conçu sur les données recueillies dans l'ouvrage de Quentin Delafons, au XVIIe siècle.

D'une hauteur de 17 m. 50, il se compose d'une grande arcade flanquée de deux escaliers tournants qui conduisent à l'étage supérieur où sont placées les reliques de saint Quentin, saint Victorice et saint Cassien. Le tout est surmonté d'une niche en bronze doré dans laquelle se trouve la statue de saint Quentin.

Les rampes d'escaliers et les balcons sont en fer forgé et en bronze.

Le maître autel, placé en avant, et magnifiquement décoré, a été disposé de manière à laisser voir à travers l'arcade supérieure du reliquaire le chevet de l'église que termine la chapelle Notre-Dame.

Cette restauration artistique fait le plus grand honneur à M. Mathieu, archiprêtre, aux membres du conseil de fabrique et à M. Bénard, maître des travaux de notre belle Collégiale.

« La Collégiale de Saint-Quentin, dit M. Charles Gomart dans ses études Saint-Quentinoises, prise dans son ensemble, est l'une des plus belles églises de la province de Picardie. Ses proportions sont grandioses et sa masse imposante domine de beaucoup toutes les habitations d'alentour.

» A l'intérieur, l'abside et le chœur sont un prodige de difficultés vaincues ou tournées : l'architecte semble avoir voulu spiritualiser la pierre en l'évidant jusqu'aux limites qui séparent le réel de l'idéal. Ces piliers si minces, ces meneaux et ces arêtes si frêles, ces arcs-boutants si déliés, tous ces appareils portant des masses suspendues à 43 mètres de hauteur, seront l'objet d'une éternelle admiration pour le génie constructeur ! »

Cette admiration qui frappe le spectateur à son entrée dans l'église a été partagée par Louis XV lors de sa visite en 1744 ; car à peine y fût-il entré qu'il s'écria : « Ah ! voilà une église bien digne d'être conservée ! ».

En janvier 1877 notre Collégiale a été érigée en basilique mineure.

HÔTEL-DE-VILLE

Cet édifice date de 1509, comme l'indique une inscription originale gravée sur un des piliers de la façade et composée par le chanoine Charles de Bovelles. Nous en transcrivons le texte :

D'un mouton et de cinq chevaux,
Toutes les têtes vous prendrez ;   MCCCCC.
A icelles, sans nuls travaux
La queue d'un veau joindrez,   V
Et au bout vous ajouterez
Tous les quatre pieds d'une chatte.   IIII
Rassemblez et vous apprendrez
L'an de ma façon et ma date. MCCCCCVIIII (1509).

D'un style gothique extrêmement curieux, l'Hôtel-de-Ville est un monument remarquable comme ancienne architecture ; il est un témoin irrécusable de l'importance de la commune de St-Quentin et, un peu aussi nous devons l'avouer, des mœurs de cette époque. Situé sur un des côtés de la Grande-Place, il présente une façade formant galerie au rez-de-chaussée, soutenue par des arcades en style ogival et percée à l'étage supérieur de neuf fenêtres à doubles ogives et rosaces. Une balustrade, au style flamboyant couronne l'édifice terminé par trois pignons percés de rosaces encadrées d'archivoltes sculptées.

« Les chapiteaux, les corniches et les moulures sont surchargés de nombreuses figurines d'une originalité satirique, pleine de verve. Tantôt un pilier, d'où s'élancent en gerbes, les arêtes des voûtes, a pour chapiteau une vieille accroupie à figure ridée et aux yeux sataniques ; tantôt des moines à têtes de renard et de grenouille, sont placés dans des chaires. Ici une scène de vendange ; là, des diables tourmentant des femmes et des soldats ; plus loin des anges à figure calme ou des monstres fantastiques sont groupés au milieu de feuillages et d'arabesques capricieux. »

Cet édifice est surmonté d'un campanile quadrangulaire restauré il y a quelques années. Un carillon remarquable à l'exemple de certaines villes du Nord de la France et de la Belgique, annonce la marche du temps, tandis qu'un cadran placé sur chacune des quatre faces en marque les divisions horaires.

A l'intérieur, la partie la plus remarquable est la *Salle du Conseil* dont le plafond est formé de deux voûtes en bois, cintrées, doublées de bardeaux peints en noir et semées d'étoiles d'argent. Au fond de la salle s'élève une colossale *cheminée* en pierre d'un style à moitié gothique, à moitié renaissance ; l'administration en a proposé la restauration ; mais jusqu'à ce jour aucun projet n'a été définitivement accepté.

Grâce à la libéralité du gouvernement, on peut aujourd'hui admirer du peintre Ulysse Butin, enfant de Saint-Quentin mort en 1884, une immense toile montrant le comte de Vermandois accordant une Charte aux habitants de Saint-Quentin.

D'une composition très savante, cette peinture est surtout remarquable par l'exactitude du dessin et par le grand nombre des personnages très heureusement groupés.

Dans la *Salle des Mariages* se voient trois figures représentant le clerc de la ville, le greffier et le procureur affublé de lunettes.

Une intelligente et sérieuse restauration intérieure, en faisant disparaitre les véritables casemates du rez-de-chaussée et un massif escalier en grés, qui ne comptait pas moins de vingt-huit marches, répond parfaitement au caractère sculptural du monument. En même temps, une tour autrefois démolie, une large fenêtre au style ogival ont été réédifiées et toute la partie postérieure de l'édifice a reçu une restauration en rapport avec l'ensemble de l'édifice municipal.

Théâtre

La salle de spectacle date de 1844. Elle a été construite d'après les plans de M. Guy, architecte à Caen. Situé sur l'un des côtés de la Grande Place, le théâtre présente une façade élevée sur un péristyle de sept ou huit marches.

Au premier étage se trouve le foyer parfaitement situé et éclairé par cinq grandes fenêtres-portes donnant sur le balcon.

L'intérieur, richement décoré, répond complètement comme étendue et comme disposition aux exigences de notre population et plus d'une ville de l'importance de notre cité envie certainement notre belle salle.

L'érection de ce remarquable monument a coûté plus d'un million et demi et a entraîné la démolition de l'ancienne salle qui datait de 1774, de la maison de l'Ange, bâtie en 1598, curieux modèle d'architecture bourgeoise, sauvé de la destruction par le duc de Vicence qui l'a fait transporter à son château de Caulaincourt; de l'hôtel aux Trois poissons, de la Halle aux poissons, de la Halle aux laines. Dans les fouilles faites dans l'ancien théâtre, on y a retrouvé d'anciens dallages en mosaïques romaines.

Les recettes de 1851 à 1860 pour chaque année théâtrale (six mois) ont varié de 47,000 francs à 60,000 francs, sous la direction de Saint-Ange, Dubuisson (3 ans), Guille, Parizot et Zérézo (3 ans).

Elles se sont élevées sous la direction de Renard à plus de 80,000 francs.

Lycée

Le Lycée est de construction toute récente puisqu'il date de 1857. Etabli sur un vaste terrain désigné sous le nom de Champ-de-Mars, qui n'était autre qu'une partie des anciennes fortifications, cet établissement a été le point de départ d'un quartier qui s'agrandit de jour en jour.

Il est remarquable, non par son architecture, mais par la régularité de son plan et ses dispositions intérieures. Faisant face à une place qui lui sert pour ainsi dire d'avenue, il mesure 60 mètres de façade sur 150 mètres de profondeur. Deux ailes s'étendent sur le côté et comprennent entre-elles plusieurs cours distinctes tandis qu'un deuxième corps de logis, parallèle à la façade, forme la cour dite d'honneur où se trouvent la chapelle, les classes et plusieurs salles destinées au public et à l'administration du Lycée.

Enfin un vaste jardin a été ajouté à cet important établissement.

Beffroi

On désigne sous ce nom, le clocher de l'ancienne église Saint-Jacques située à peu de distance de la place.

Entourée de constructions, l'église Saint-Jacques ne présente rien de bien remarquable. Une haute tour carrée s'élève au-dessus de son portail et domine les habitations environnantes et toute la ville. Au sommet se trouve une petite chambre destinée au guetteur chargé de répéter les heures de l'hôtel-de-ville, de sonner l'alarme en cas d'incendie, de donner le signal de l'ouverture ou de la fermeture des foires et des marchés, des réunions publiques ou enfin d'annoncer l'arrivée des troupes. L'intérieur, restauré il y a quelques années, sert aujourd'hui de Bourse de commerce.

Sous-Préfecture

Il y a peu de chose à dire sur ce monument construit il y a quelques années à la place de l'ancien Collège. Sa façade assez importante est complètement cachée par des constructions secondaires et cette fâcheuse disposition enlève à cet édifice tout aspect monumental.

Hôtel Lécuyer

Situé rue Royale, l'Hôtel Lécuyer est un monument légué à la ville par Lécuyer aîné, banquier, à la condition d'y installer le Musée Delatour.

Cette installation a été faite en 1885. On y voit les admirables pastels du peintre Delatour, les remarquables collections des frères Le Sérurier et celles données par la Société académique comprenant, entre autres objets, les nombreuses et parfois très rares verreries et poteries provenant des fouilles faites à Vermand, Saint-Quentin, Homblières, etc.

Abbaye de Fervaques

Par suite des malheureuses guerres du XVIe et du XVIIe siècle, les abbesses de Fervaques, célèbre abbaye près de Fonsommes, se virent obligées de se réfugier à Saint-Quentin où elles s'établirent en 1648. Telle est l'origine de cette maison abbatiale qui occupe une très-grande surface. Sur l'un des côtés de l'ancienne abbaye, le Palais de Justice s'étend sur la place du même nom et présente une façade monumentale. C'est l'ancienne chapelle de l'abbaye. De ce côté se trouvent réunis les tribunaux, et au premier étage une vaste salle où se font les cérémonies publiques.

Dans la cour dite du cloître, entourée de galeries couvertes se trouvent les chambres des notaires, des avoués, des huissiers, la justice de paix, la chambre de commerce, la Société académique, la Société chorale, les Sociétés de musique, les Musées, et l'Ecole de Dessin fondée par Delatour.

Enfin dans une première cour, qui a son entrée sur la rue du Petit-Origny sont placés, le parquet, le greffe civil, la bibliothèque.

Le jardin botanique de la ville fait aussi partie de cette propriété communale.

Cette importante propriété communale, dont quelques parties menacent ruines, est à la veille d'être rasée pour y édifier un nouveau palais de justice et diverses constructions plus en rapport avec les exigences de l'accroissement de la population.

Hôtel-Dieu

Cette fondation existait déjà à l'époque du siège de Saint-Quentin comme hôpital secondaire. Agrandi peu à peu, cet établissement élevé à l'indigence et aux malheureux ne présente aucun caractère monumental. L'étendue des bâtiments mérite cependant qu'il en soit fait mention et l'on ne peut se défendre d'un sentiment de recueillement, malheureusement mêlé d'une grande tristesse, en pensant à cette fondation charitable témoin de tant de douleurs.

A l'Hôtel-Dieu sont joints l'hospice des Orphelins, fondé par Quentin Barré en 1587, et celui des Vieux-Hommes, fondé en 1744 par Jacques Lescot.

Mentionnons également les béguinages, l'établissement des Petites Sœurs des pauvres, enfin énumérons, le Marché Couvert, l'Abattoir, le Cirque, remarquable par sa charpente intérieure, le petit théâtre, un grand nombre d'établissements manufacturiers dont la description ne peut trouver place dans cette courte revue historique.

Canal de Saint-Quentin

Dès le règne de Louis XV, on avait conçu le projet de canal destiné à unir la Somme à l'Oise. En 1724, Caignard de Marcy obtint le privilège d'un canal de Saint-Quentin à Sissy par Homblières, mais les efforts de cette compagnie furent vains. En 1732, une nouvelle compagnie commença le canal latéral de la Somme, de Saint-Quentin à Chauny.

Il fut exécuté sous la direction de Crozat qui lui donna son nom.

En 1767, le célèbre ingénieur de Laurent dirigea le canal vers Ham et Péronne tandis qu'il essayait de le continuer au nord de Saint-Quentin, pour joindre la Somme à l'Escaut.

Le projet de Laurent adopté, les travaux commencèrent en 1769 et furent continués, à la mort de cet ingénieur, par son neveu de Lyonne jusqu'en 1775, époque où le mauvais état des finances interrompit les immenses travaux d'un souterrain de 13,772 mètres, percé plus d'à moitié. La révolution suspendit les travaux qui ne furent continués que sous le consulat (1802). Le projet primitif fut modifié. On adopta celui de M. Devic ; deux souterrains furent percés, l'un à Le Hautcourt, de 1,100 mètres de long, l'autre entre Riqueval et Macquencourt de 5,677. Le canal, inauguré par

Napoléon Iᵉʳ, fut livré à la navigation le 27 avril 1810.

La dépense de construction s'est élevée à 10 millions environ.

On raconte que les bateliers refusèrent d'abord de passer le grand souterrain. Le gouvernement résolut d'affranchir de tous droits le premier bateau qui essayerait le passage. Par décret du 13 décembre 1810, cette exemption fut accordée au bateau le *Grand Souterrain*, appartenant à un propriétaire de Saint-Quentin.

Ajoutons encore quelques mots afin de donner une idée exacte des immenses travaux qu'a nécessités l'établissement de ce canal.

La différence de niveau, entre la Somme à St-Quentin et l'Escaut à Cambrai est de 27 mètres. De Saint-Quentin au point le plus élevé, environ 6 kilomètres, il y a quatre écluses, tandis que de Cambrai sur Saint-Quentin, pour un parcours de 24 kilomètres, on n'en compte pas moins de 18. Il reste environ 20 kilomètres de longueur où se trouvent les deux souterrains mesurant en totalité 6,677. Ce qui laisse à découvert une étendue de plus de 13 kilomètres.

Le petit souterrain est voûté en totalité ; le grand ne l'est que sur 12 à 1,500 mètres. Les puits du petit souterrain, au nombre de 18, mesurent 24 mètres de profondeur. Ceux du grand, au nombre de 70, ont de 24 à 26 mètres.

Le canal de Saint-Quentin et de Crozat passe à Chauny, Tergnier, Liez, Jussy, St-Simon, Tugny, Artemps, Happencourt, Fontaine-les-Clercs, Dallon, Saint-Quentin, Rouvroy, Morcourt, Omissy, Lesdins, Le Hautcourt, Bellenglise, Bellicourt et Vendhuile dans le département, et se dirige vers Cambrai. Sa longueur totale est de 94 kilomètres, dont 41 pour le canal de Crozat.

Les bateaux peuvent jauger jusqu'à 200 tonneaux ; cependant le tirant d'eau ne permet guère un chargement de plus de 120 tonneaux.

Les principaux objets de transport sont le charbon de terre, les fers, les engrais, les grains, les matériaux, les bois, les vins, les betteraves, les fourrages, les cendres, etc.

En 1850, ce canal retourna à l'Etat qui diminua de moitié les droits de navigation, et augmenta le tirant d'eau qui fut porté de 1^{m}05 à 2 mètres. En 1860, les droits sur la houille furent réduits à 0 fr. 006 par tonne et par kilomètre. En 1825, il en fut expédié 1,200,000 hectolitres. En 1850, il a été transporté par cette voie 838,000 tonnes de marchandises ; en 1862, 1,446,000 ; en 1880 le trafic a atteint 1,930,000 tonnes, enfin en 1886, il s'est élevé à 2,730,000, ce qui donne une idée de l'importance de la navigation de ce canal.

En 1862, le mouvement des marchandises sur le port de Saint-Quentin a été de 144,844 tonnes, ce qui correspond au 1/10 du transport total relaté ci-dessous.

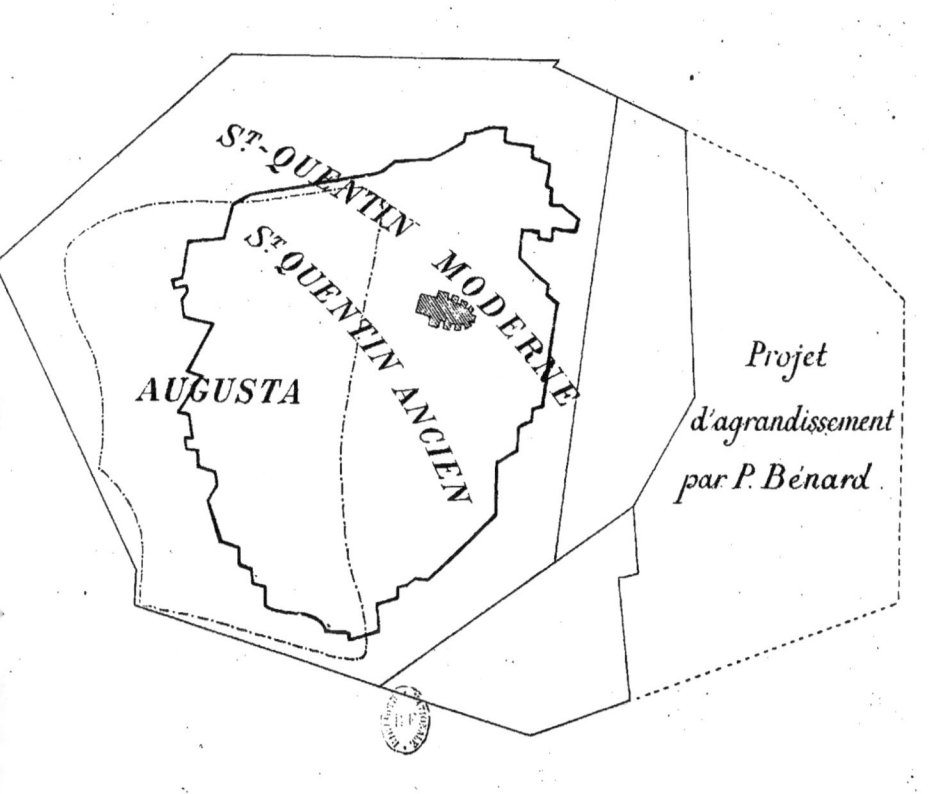

Ce canal est alimenté par les eaux du Noirieu, affluent de l'Oise, au moyen d'une rigole partant de Lesquielles (près Guise), pour arriver à Lesdins.

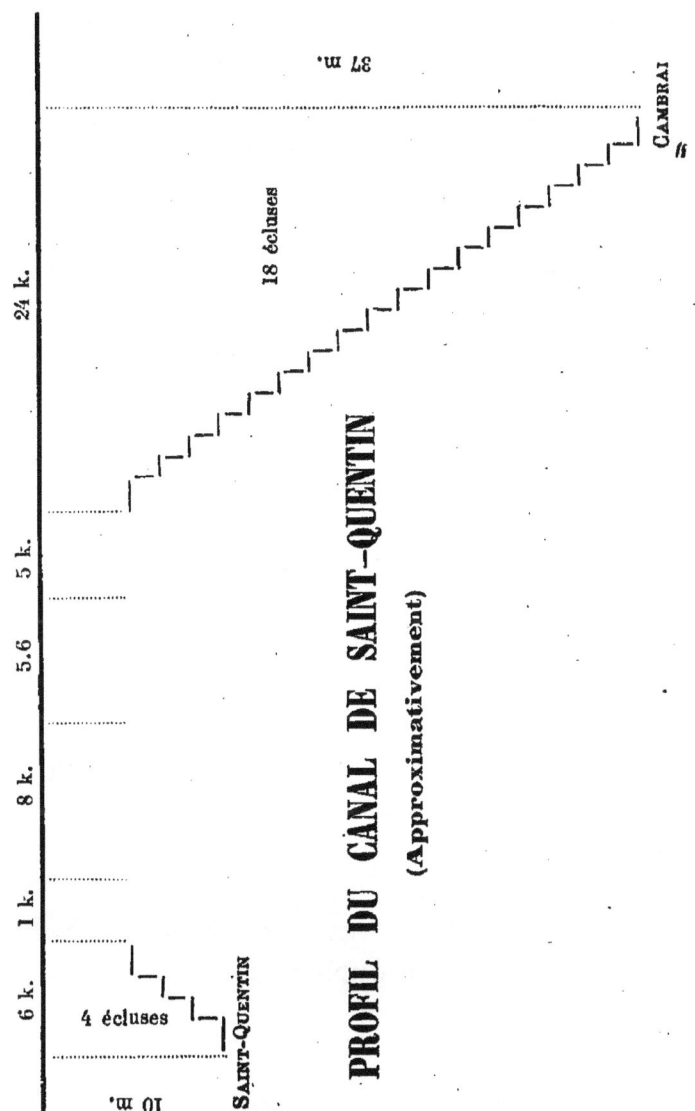

CHAPITRE XV

Saint-Quentin en 1870-1871

Les événements de 1870 sont encore trop récents pour que nous les placions dans le domaine de l'impartiale histoire. Passer en revue toutes les phases de cette triste époque, raconter les faits dont nous avons été témoin, exprimer les sentiments patriotiques de nos concitoyens, dire enfin les inquiétudes incessantes d'une administration municipale, obligée de répondre à tout instant aux exigences d'un ennemi vainqueur, ou encore de faire face aux impérieux besoins de nos ouvriers inoccupés, nous paraît l'objet d'une étude spéciale. Nous nous bornons donc à relater les deux principaux faits de 1870-1871 : l'occupation étrangère de notre ville et la bataille de Saint-Quentin.

A ceux qui auraient oublié les épisodes de ces temps malheureux, nous nous contenterons de leur indiquer les journaux de la localité, les nombreux documents de la commission municipale, enfin les brochures de MM. Abel Deroux et Ch. Lefranc, remplies de faits appréciés parfois, il faut le reconnaître, d'une manière plus ou moins impartiale, mais toutefois très intéressantes et très curieuses à parcourir et à consulter.

I

Lorsqu'au mois d'octobre 1870, les Prussiens, établis à Laon depuis le 9 septembre, se présentèrent à Saint-Quentin, ils trouvèrent cette ville résolue à se défendre vigoureusement, et pourtant elle n'avait ni digues, ni remparts à opposer aux hordes envahissantes. Des gardes nationaux, des francs-tireurs et des pompiers armés de fusils à percussion, voilà ce qu'elle avait à mettre en ligne pour sa défense. Mais ces citoyens mal armés étaient de bons Français, ayant à leur tête M. Anatole de la Forge, préfet de l'Aisne depuis le 4 septembre, et patriote d'une bravoure éprouvée. Des barricades furent élevées; les ponts du canal et de la Somme furent coupés : en un mot, la ville prit ses précautions contre une surprise de l'ennemi aux aguets.

Le 7 octobre, le bruit se répandit tout-à-coup que les Prussiens, partis de Laon, se dirigeaient sur Saint-Quentin. Vers le milieu de la nuit, l'alarme fut donnée et bientôt tous les défenseurs de la ville étaient aux postes qui leur avaient été assignés. Ce n'était qu'une fausse alerte : car la colonne ennemie avait passé la nuit et logé à Ribemont; mais le lendemain 8, vers dix heures du matin, par un temps sombre et pluvieux, le tocsin et la générale appelèrent de nouveau aux armes les bataillons improvisés. Les Prussiens, venant de Ribemont par Mesnil-Saint-Laurent et Neuville, s'approchaient en effet du faubourg d'Isle. Une vive fusillade s'engagea aussitôt. Au feu meurtrier qui l'accueille, l'ennemi cherche à échapper en se refugiant dans les rues transversales et dans la cour de la gare. La fusillade redouble ; les Prussiens tombent et résistent pendant près de quatre heures ; enfin découragés ils se retirent, emportant leurs morts et leurs blessés. Ils se contentèrent, dans leur retraite, d'enlever comme ôtage un honorable manufacturier de Saint-Quentin, dont l'important établissement se trouve au Petit-Neuville, et d'incendier un moulin isolé, non sans avoir fait quelques victimes parmi nos vaillants concitoyens.

Saint-Quentin fut la première ville ouverte qui, depuis le commencement de la guerre, osa résister à une colonne ennemie.

Le lendemain, 9, le Préfet adressait une proclamation aux habitants, où nous lisons ces phrases : « La date du 8 octobre 1870 prendra « place dans l'histoire de la cité, à côté de la glo- « rieuse défense de 1557. La France, si douloureu- « sement éprouvée, verra que les défenseurs de « Saint-Quentin, *ville ouverte*, n'ont pas dégé- « néré. » Les Prussiens étaient partis, mais pour revenir avec des forces écrasantes et du canon. Le 21 du même mois, le colonel Khalden exigeait la capitulation immédiate de la ville, menaçant de tout mettre à feu et à sang en cas de résistance.

Il n'y avait qu'une chose qui pût désarmer de pareils ennemis, c'était de payer les réquisitions qu'ils imposaient partout sur leur passage. On paya et Von Khalden consentit à ne pas piller ni saccager une ville coupable d'avoir résisté à ses envahisseurs. Ce corps d'armée était accompagné de voitures conduites par cette tourbe rapace et sans nom qui suit d'ordinaire les armées victorieuses afin de se livrer, sous leur protection, à de coupables déprédations. Dès lors et à diverses reprises, la ville fut troublée par des détachements ennemis qui, chaque fois, marquaient leur passage par d'exorbitantes réquisitions de vivres et de marchandises de toute nature. A partir du 25 décembre, elle fut définitivement occupée par les Saxons, au nombre d'environ 2,500.

III

Bataille de Saint-Quentin

(19 Janvier 1871)

A la suite de la capitulation de Metz, la nouvelle organisation militaire de la France permit de reprendre la lutte contre un ennemi victorieux ; aussi, le général Faidherbe essaya-t-il de tenter une grande bataille contre l'armée allemande dont le général Manteuffel, jusqu'alors le chef, venait de laisser le commandement au général Von Gœben. Celui-ci avait connu particulièrement notre général Faidherbe ; il professait la plus vive estime pour son caractère et pour ses talents militaires. Le but de nos généraux était de harceler l'ennemi et de l'obliger à disséminer ses forces massées autour de Paris, afin de faciliter le dégagement de la capitale. Telle était également la tactique de

Faidherbe. Laissant Péronne à sa droite, il arriva le 18 à Vermand après avoir battu un détachement ennemi à Buire.

La veille, le colonel Isnard était entré à Saint-Quentin, que l'ennemi avait abandonné dans le plus grand désordre, laissant dans nos mains des prisonniers, des vivres, des chevaux et des fourrages.

Faidherbe, âme fortement trempée, caractère antique, on pourrait dire stoïque, s'exprimait à peu près en ces termes devant la municipalité de Saint-Quentin dans la soirée du 18 Janvier :

« Demain, je donnerai ou plutôt j'accepterai la
» bataille ; Gambetta l'ordonne ; il veut faire une
» diversion, car Paris tentera une sortie (Buzenval);
» mon armée est faible ; je serai battu, mais battu
» glorieusement. Les Prussiens pourraient nous
» repousser en deux heures, je les arrêterai toute
» la journée. »

Faidherbe choisit un champ de bataille à l'ouest et au sud de Saint-Quentin à Fayet, Gauchy, Grugies, se réservant une double ligne de retraite par les routes de Cambrai et du Cateau.

L'armée française forte de 25,000 à 30,000 hommes, dont à peine 600 cavaliers, s'était déployée en un demi-cercle s'appuyant sur Saint-Quentin ; malheureusement, elle était coupée en deux tronçons par la Somme et ses marais, sans être reliée pour le transport de l'artillerie d'une rive à l'autre, ce qui rendit les manœuvres fort difficiles.

« La bataille, dit le général Faidherbe (campagne du Nord), commença du côté du 22⁰ corps. La 2⁰ brigade de la 1ʳᵉ division (Derroja), était à peine rendue à Gauchy, et la 2ᵉ division (Du Bessol) à Grugies, que de profondes colonnes d'infanterie prussiennes, précédées de cavaliers, arrivèrent de Paris vers Castres. C'étaient les trois divisions Von Barnekow, prince Albert de Prusse et comte de Lippe ; une brigade de la cavalerie était commandée par le prince de Hesse.

L'action s'engagea immédiatement entre les tirailleurs des deux armées, et la batterie Collignon s'établit sur une excellente position, près du moulin de *Tout-Vent*. On se disputa les hauteurs en avant de Gauchy et l'ennemi mit aussitôt en ligne de nombreuses batteries.

La 1ʳᵉ brigade (Aynès), de la 1ʳᵉ division, qui avait couché à Saint-Quentin, arriva alors au pas de course et vint se placer à gauche des troupes engagées étendant ainsi notre ligne de bataille jusqu'à la route de La Fère.

Le général Du Bessol venait d'être grièvement blessé. »

De nouvelles batteries vinrent renforcer la batterie Collignon, et arrêtèrent pendant toute la bataille les efforts de l'ennemi en lui faisant subir des pertes énormes.

Pour la première fois, depuis le commencement de la guerre, notre artillerie se montrait d'une supériorité incontestable.

« Pour s'opposer à l'attaque de colonnes considérables arrivant d'Itancourt et d'Urvillers, le colonel Aynès s'avança sur la route de Saint-Quentin, à La Fère où il tomba mortellement blessé. Il était trois heures environ : l'ennemi nous débordant en ce moment vers Neuville-Saint-Amand, nos troupes se replièrent presque jusqu'au faubourg d'Isle.

Le commandant Tramond arrêta ce mouvement rétrograde en se mettant à la tête de ses bataillons du 68ᵉ de marche et, chargeant l'ennemi à la baïonnette, on regagna le terrain perdu jusqu'à la hauteur des batteries qui n'avaient pas cessé leur feu.

Cependant la lutte continuait avec acharnement à la droite de la division. Les hauteurs avancées de Gauchy furent assaillies six fois par des troupes fraîches qui se renouvelaient sans cesse ; six fois, nos soldats animés par le courage et l'intrépidité du colonel Pitié repoussèrent ces assauts. Dans ces attaques nos soldats se rapprochèrent plusieurs fois jusqu'à vingt pas de l'ennemi jonchant le terrain de leurs morts.

La cavalerie prussienne ne fut pas plus heureuse devant l'élan et la solidité de nos troupes. Une charge faite par un régiment de hussards fut en peu de temps arrêtée et brisée par des feux d'ensemble dirigés par le colonel Cottin. Dans cette lutte, les mobiles du 91ᵉ et du 46ᵉ, malgré l'infériorité de leur armement, rivalisèrent de courage avec les troupes de ligne. »

Malheureusement des renforts ne cessaient

MONUMENT ÉLEVÉ A LA MÉMOIRE
des Soldats morts pour la France pendant la Guerre de 1870-71
et dont les restes reposent dans le Cimetière de St-Quentin.

d'arriver aux Allemands ; à la chute du jour, il en arrivait par chemin de fer de Rouen, d'Amiens, de Beauvais et même de Paris.

Le 23ᵉ corps, à l'Ouest de Saint-Quentin, repoussa brillamment les attaques de l'ennemi qui essayait un mouvement tournant. Paulze d'Ivoy arrêta toute la journée l'ennemi du côté de la route de Ham ; cependant il se vit obligé de se replier devant des forces considérables.

Pour ne pas laisser prendre son armée, le général Faidherbe dut ordonner la retraite qui se fit, pour le 22ᵉ corps, par la route du Cateau et, pour le 23ᵉ, par celle de Cambrai.

Les barricades du faubourg Saint-Martin, courageusement défendues, arrêtèrent assez longtemps l'ennemi pour que la retraite du gros de l'armée ne fut pas inquiétée, et jusqu'à 7 heures du soir nos vaillants soldats disputèrent pied à pied aux hordes prussiennes un terrain qu'on leur fit cruellement payer.

Enfin la déroute se mit parmi nos jeunes soldats qui, mourant de froid et de faim, avaient combattu jusqu'à la nuit dans un terrain détrempé par un dégel de trois jours.

L'ennemi avait présenté 76,000 hommes sur le champ de bataille, et, à la fin de la journée, il disposait d'une réserve de près de 40,000 hommes.

Dans les journées des 18 et 19 janvier, 6,000 ennemis avaient été mis hors de combat, tandis que l'armée française ne comptait guère que 2,000 à 2,500 victimes. Aucun prisonnier ne fut fait sur le champ de bataille ; mais le lendemain les Prussiens ramassèrent 3 à 4,000 malheureux traînards, mobiles et mobilisés dont une grande partie parvint à s'échapper au bout de quelques jours.

La plupart de nos établissements publics et nombre d'ateliers manufacturiers furent transformés en ambulances et reçurent plus de 1,500 blessés dans cette fatale journée. La ville avait été bombardée pendant 1 heure 1/2, ce qui causa de grands dégâts matériels.

« Soldats, dit le général Faidherbe dans une proclamation à son armée, je dois vous rendre justice et vous pouvez être fiers de vous-mêmes, car vous avez bien mérité de la Patrie. Ce que vous avez souffert, ceux qui ne l'ont point vu, ne pourront jamais se l'imaginer. En moins d'un mois, vous avez livré trois batailles à un ennemi dont l'Europe entière a peur ; vous lui avez tenu tête, vous l'avez maintes fois vu reculer devant vous.....

« Les Prussiens ont trouvé dans de jeunes soldats, des gardes nationaux, des adversaires capables de les vaincre. Qu'ils ramassent nos traînards, qu'ils s'en vantent dans leurs bulletins, peu importe, ces fameux preneurs de canons n'ont point touché à une de vos batteries. Honneur donc à vous tous !...

La bataille de Saint-Quentin mit fin aux opérations de l'armée du Nord. Notre ville fut occupée jusqu'au 21 octobre 1871, juste un an après la première entrée de l'ennemi dans nos murs.

(D'après la *Campagne du Nord*, de Faidherbe, et l'*Histoire de la Révolution de 1870-1871*, de Jules Claretie.)

Pour rappeler aux générations futures cette grande bataille livrée sous nos murs, la ville de Saint-Quentin a fait ériger, au centre du cimetière de la cité, un très imposant monument funèbre à la mémoire des soldats morts pour la France pendant la guerre de 1870-1871.

CHAPITRE XVI

Conclusion

Tout en déclarant que nous aurions désiré qu'une plume, sinon plus dévouée, du moins plus autorisée que la nôtre, traitât ce patriotique sujet, nous ne terminerons pas l'esquisse rapide et abrégée de l'histoire de notre ville sans présenter quelques réflexions ou considérations qui découlent naturellement de nos recherches.

En examinant les principaux faits que nous avons relatés, on reconnaît qu'à toutes les périodes de notre histoire, nos ancêtres possédaient les grandes qualités qui, tout à la fois, honorent et élèvent les individus et les peuples.

Le souffle libéral, le patriotisme, la générosité,

sont trois vertus qui semblent se rencontrer à chacune des pages de notre histoire locale, pour caractériser dignement nos ancêtres.

Rappeler, en effet, la glorieuse résistance des Véromanduens contre Jules César, l'admirable dévouement des habitants de Saint-Quentin, qui, en 1557, au nombre de quelques milliers, arrêtent pendant dix-sept jours une armée de 60,000 hommes et par ce patriotique sacrifice, sauvent la France de la domination espagnole; mentionner la belle conduite de notre cité lors de l'invasion de 1814, et, de nos jours, le noble dévouement des Saint-Quentinois alors qu'un ennemi implacable punissait des dernières rigueurs les patriotes qui osaient lui résister, n'est-ce pas montrer à toutes les époques de notre histoire, le patriotisme constant, énergique de nos ancêtres et de nos concitoyens !

Le souffle libéral n'est pas moins évident.

Ne voyons-nous pas nos aïeux accepter des premiers ces nouvelles doctrines, toutes d'humanité que Quentin, noble patricien de Rome, vint répandre dans notre contrée ? Le christianisme est-il autre chose que cette admirable philanthropie, principe de cette liberté salutaire à laquelle aspirent les peuples modernes !

Ces prédications ardentes, favorablement accueillies, malgré les rigueurs d'un despotisme cruel, ne sont-elles pas une preuve des aspirations libérales qui seront toujours la gloire et l'âme de notre pays ?

En parcourant notre histoire, nous retrouvons vers le x⁰ siècle, ce noble caractère dont la fermeté fait octroyer à Saint-Quentin une des premières chartes communales.

Et plus tard, sous les gouvernements des rois, bien que dévoués à leur chef royal, nos aïeux se sont toujours montrés soucieux du maintien de leurs droits et de leurs privilèges. Enfin, dans des temps plus rapprochés, notre ville se distingue entre toutes, par son ardent désir de vivre sous le régime d'une sage liberté.

Quant à la générosité de nos pères, chaque page de notre histoire relève un acte attestant ce sentiment de l'amour du bien et du prochain.

Il suffit de signaler les nombreuses fondations charitables de notre cité : Hôpitaux, Béguinages, Sociétés de secours, Écoles, Asiles, pour constater que la ville de Saint-Quentin a possédé et possède toujours de nobles cœurs.

Et proclamons-le avec orgueil : si le passé de notre ville a été glorieux, grâce au dévouement, au patriotisme de nos aïeux, le présent se montre digne du passé. Nos concitoyens continuent et continueront sans interruption les nobles traditions de leurs aînés, et il nous sera permis de dire que maintenant comme autrefois, trois mots peuvent caractériser les sages aspirations des habitants de notre ville :

LIBERTÉ, GÉNÉROSITÉ, PATRIE !

TABLE DES CHAPITRES

		PAGES
Chapitres	I. Epoque gauloise et époque romaine	5
»	II. Etablissement du Christianisme et époque franque	12
»	III. Gouvernement des Comtes	20
»	IV. Commune	39
»	V. La Commune sous le gouvernement des rois	43
»	VI. Topographie	51
»	VII. Siége de Saint-Quentin	69
»	VIII. Henri III, Henri IV et ses successeurs	76
»	IX. Consulat et Empire	85
»	X. Restauration jusqu'à nos jours	93
»	XI. Commerce et Industrie	99
»	XII. Biographie	113
»	XIII. Notes diverses	121
»	XIV. Saint-Quentin moderne	126
»	XV. Saint-Quentin en 1870-1871	146
»	XVI. Conclusion	155

Saint-Quentin. — Imprimerie du GLANEUR.

www.ingramcontent.com/pod-product-compliance
Lightning Source LLC
Chambersburg PA
CBHW060523090426
42735CB00011B/2348